小飼弾の
超訳「お金」理論

光文社

はじめに　みんなお金に悩んでる

ダグラス・アダムスのSF小説『銀河ヒッチハイク・ガイド』は、次のような文章で始まります。

星図にも載っていない辺鄙《へんぴ》な宙域のはるか奥地、銀河の西の渦状腕の地味な端っこに、なんのへんてつもない小さな黄色い太陽がある。

この太陽のまわりを、だいたい一億5千万キロメートルの距離を置いて、まったくぱっとしない小さい青緑色の惑星がまわっている。この惑星に住むサルの子孫はあきれるほど遅れていて、いまだにデジタル時計をいかした発明だと思っているほどだ。

この惑星にはひとつ問題がある、というか、あった。そこに住む人間のほとんどが、たいていいつでも不幸せだということだ。多くの解決法が提案されたが、そのほとんどはおおむね小さな緑の紙切れの移動に関係していた。これはおかしなことだ。というのも、だいたいにおいて、不幸せだったのはその小さな緑の紙切れではなかったからである。

『銀河ヒッチハイク・ガイド』（ダグラス・アダムス著、安原和見訳、河出文庫）

「緑の紙切れ」というのは、もちろんお札のこと（たぶんアメリカの1ドル札でしょう）。彼が茶化したように、私たちはいつもお金に振り回されています。給料が安いとか、ソシャゲに課金しすぎたとか、子どもの学費が高すぎるとか、結婚できないとか、年金がもらえないかもしれないとか、株で損したとか、人生の悩みのほとんどはお金にまつわるものと言い切ってしまってもいいのかもしれません。

これほど私たちを悩ませるお金の正体とは何なのか？

もったいぶらずに答えを先に言ってしまえば、お金の正体とは「共同幻想」です。

実体のない、幻にすぎないんですね。

けれど幻だからといって、お金が存在しないかのように振る舞うことはできません。あなたが「お金は幻だ」と言い張って、店から衣服や食べ物をお金を払わず持ってこようとしたら、当然のことながら窃盗犯として警察に捕まってしまいます。

それだけではありません。もしお金という幻がなかったら、スマホでポケモンＧＯを遊べる、今のような世界は存在していません。お金という共同幻想のおかげで、私たちは豊かになり、そして不幸せにもなったのです。

この本では、世界を動かしているお金の仕組みと、私たちがお金とどう付き合っていけばよいのかを解き明かしていきます。

そうそう、前述の『銀河ヒッチハイク・ガイド』は、ぜひ一読をお勧めします。この本には、お金どころか「生命、宇宙、そして万物についての究極の疑問の答え」も書かれていますからね。

ちなみに、「この太陽のまわりを、だいたい1億5000万キロメートルの距離を置いて、まったくぱっとしない小さい青緑色の惑星がまわっている」ことは、本書のメインテーマにもつながってきます。これについては、後ほど本文で触れることにしましょう。

モノを所有することも幻想

いきなり最初から、お金とは「共同幻想」だと種明かしをしてしまいました。

今の世界では、みんながお金に価値があると思い込んでいます。あなたがお店に行って1000円を払えば、1000円の値札が付いた商品を買うことができる。「1000円」と書かれただけの紙切れに、1000円という価値があるとみんな信じているからこそ、こんなことが可能になっているのです。

お金には大まかに分けて、「価値尺度」「交換手段」「価値貯蔵」という3つの機能があります。

価値尺度というのは、モノの価値を客観的に表す物差しということ。この機能のおかげで、牛1頭は50万円、豚1頭は5万円、定食1食分1000円、皿洗いの時給1000円というように、まったく異なるモノやサービスの価値を比較できるようになります。

牛1頭と豚10頭の価値が同じだとしても、実際のモノを用意しないと交換できないのであれば、なかなか取引は進みません。そこでお金を交換手段として使い、50万円を払って牛1頭買う、時給1000円を払って皿洗いのバイトを雇う、といったことを行うわけです。これが**交換手段**ということですね。

価値貯蔵というのは、今すぐお金を使わずに取っておけるということ。肉や野菜のような生ものはすぐに腐ってしまいますが、お金に換えてしまえば腐ることはなくなり、使いたい時に使えます。

お金がどうやって誕生したかについては、さまざまな説があります。

よく言われるのは、物々交換を行ううち、みんなが価値を認めるようになったモノがお金として使われるようになっていったという説。みんなが価値に納得する、きれいで珍しい貝や石、毛皮、貴金属などがお金として使われるようになっていったというものです。

最近では、貸し借りの記録がお金の起源だという説も強くなってきました。『21世紀の貨幣論』（フェリックス・マーティン著、東洋経済新報社）では、ミクロネシアにあるヤップ島のフェイをその一例として紹介しています。

フェイとは、直径60センチメートルから1メートルほどの大きさの石貨で、巨大なものになると直径3メートル、重さは5トンにもなるそうです。日用品の取引にこんな巨大な石貨を使うことはできず、冠婚葬祭などで儀礼的にやり取りが行われるのですが、面白いことに大きな石貨の場合は、保管場所を変えずに所有権だけ移転するのだそうです。『21

世紀の貨幣論』では、ヤップ島の島民はモノ（魚やヤシの実、豚、ナマコなど）の取引で発生する債権と債務を帳簿に付けており、フェイはあくまでも帳簿をつけるための代用貨幣にすぎなかったとしています。

お金の起源がどうだったにせよ、人間同士が何かに価値を感じ、お互いその価値に合意することで、取引が成立したというのは間違いないところでしょう。

では、価値とは何なのか。

それを測るためのツールからまずは話を進めていくことにしましょう。

目次

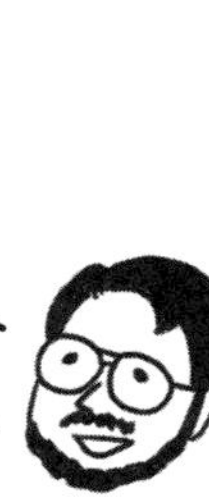

はじめに　みんなお金に悩んでる　3

PART 1 バランスシートから資本主義が生まれた

バランスシートという画期的な発明が世界を変えた　16
バランスシートの仕組み　18
「借金も財産」という驚愕の事実　23
借金とは「仮想記憶」　28
借金は、必ずしも悪ではない　30
なぜ経済成長が起こるのか？　32
同じ資産でも、現金が強いワケ　37
バランスシートで考える「持ち家 vs. 賃貸」　44
お金は借りっぱなしのことがお得なこともある　48

バランスシートで考える奨学金　51
教育への投資は、国にとって旨味が大きい　57
本当に日本の「生産性」は低いのか？　63
自分への投資戦略を考える　67

PART 2

会社はいったい誰のモノ？

会社とは利益を生み出すための「仕組み」　76
トレーディングも経営も人工知能の仕事に？　83
従業員ではなく、株主になるべき　86
残業は「偉い人」の特権　88
給料が増えても、奴隷は奴隷　91
油断するとすぐに「奴隷制」が顔を出す　98

PART 3

儲からない会社はつぶそう

非効率な会社がつぶれるのはよいこと 102
スティーブ・ジョブズだって自分の会社から追い出された 107
株主が増えるほど、経営陣は株主の声をシカトしやすくなる 112
リーダーがダメなら、下がいくら頑張ってもムダ 114
労働者が優秀だと、経営者が頭を使わない！ 118
立ち行かなくなった中小企業は、そっと店を閉じよう 122
緊急事態が起こっても、会社を守るべきではない？ 128
政府にシワを寄せている日本の無能な経営者 132
新卒一括採用はナンセンスな仕組み 135
裁量労働制は「定額働かせ放題」 138
裁量労働なんて今すぐ誰だってできる 144
裁量労働がお得なのは、ワーカーではなくプレイヤー 147
適切な労働の対価を算出するのは難しい 153

「ブラック労働者」から抜け出すために必要なこと　156
政府は反営利でなければならない　158

PART 4
税金と賃金の仕組み

アベノミクスで得をしたのは誰か？　164
消費増税は、「持てる者」の陰謀　168
なぜ同じ1円なのに税金が違うのか？　177
社会保障と税金は一本化すべき　180
ふるさと納税という愚策　182
日本政府は、お金の出入りを管理できていない　189
日本は、不労所得で食っている国だった！　195
上手に分配できていたら、もっと日本は楽しく暮らせる国になっていた　200
なぜあなたのところにお金が回ってこないのか？　204

問題はオーナーシップの過剰な集中にある 207
賃上げ要求は、金持ちの思うつぼ 212
労働者は分断されて、各個撃破された 215
派遣法改正はクソだった 220
日本の人材派遣会社は何が問題なのか？ 223
いっそ、すべての労働者を派遣社員にしては？ 227

PART 5 お金を配ろう

富の分配に失敗すれば、虐殺が起こるかもしれない 232
「バラマキ」がダメなのは、ちゃんとバラマかないから 239
「バナナはおやつですか？」問題を解く 245
全世界が「働かざる者食うべからず」病にかかっている 248
コロナウイルスショックでベーシックインカムが進む？ 252
「日本株式会社」の配当をもらおう 256

お金じゃなくて、現物支給じゃダメなんですか？　262
不労所得をもらえるようになったら、みんな働かなくなる？　264
社会という競技場でゲームに参加する　267
この世界では、誰も働いてなどいない現実を直視する　272
お金は、自然法則の上で動く幻想　278
「コト」は使っても減らない　280
暗号資産という純粋なお金　284
バブルなのは暗号資産ではなく、法定通貨かもしれない　288
お金が余っている！　294
もう一度、お金とは何なのか？　298
資本主義、本気出せ　303
あとがき　309
主な参考資料　313

PART 1

バランスシートから資本主義が生まれた

お金の動きや価値を把握するのに、

とても優れたツールがバランスシート。

バランスシートで物事を考える習慣がつけば、

日本や世界の経済がより鮮明に見えてきます。

バランスシートという画期的な発明が世界を変えた

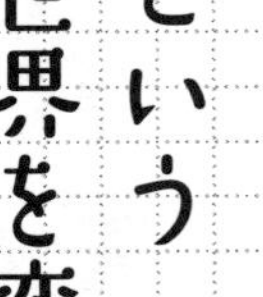

お金という共同幻想によって、私たちは顔見知りでない人とも取引ができるようになりました。いっしょに住んでいる家族や親類、近所に住んでいる人が相手でなくても、お金を介することでさまざまなモノと交換できる。

考えてみれば、これだけでも十分にすごいことなのですが、経済史上、いや人類史において、非常に重要な発明が12世紀頃になされました（時期に関しては諸説あります）。

それが「複式簿記」です。

複式簿記がすごい発明だと聞いても、いまいちピンと来ない人も多いでしょう。

「税理士や会計士になるために勉強するやつ？」

「企業の決算で出てくる」
「確定申告で複式簿記を選ぶと税金が安くなると聞いてやろうとしたけど、超面倒くさい」……

特に日本の場合、会社勤めしている人は自分で確定申告をすることがないこともあり、複式簿記に触れる機会は少ないかもしれません。複式簿記を扱うのは、税理士や会計士、あるいは経理の担当者だというイメージもあるでしょう。

実を言えば、僕も自営業者になるまでは、複式簿記が何なのかよくわかっていませんでした。

お金の出入りさえきちんと記録しておいて（これを単式簿記と言います）、利益や損失がわかっていれば十分だろうと考えていたのですが、複式簿記の短期講座を取ってみて、衝撃を受けました。こんな仕組みは、自分でいくら考えても絶対に思い付かない。複式簿記を人類の叡智《えいち》と言わずして、何を叡智と言うのか。しかも、基本的な考え方はシンプルで、足し算と引き算しか使わない。小学校の高学年なら、十分に理解できるでしょう。

バランスシートの仕組み

複式簿記のいったい何がすごいのか。

複式簿記の中で、最も重要な概念が貸借対照表、バランスシートです。まず、バランスシートがどうなっているのかを見てみましょう。

バランスシートの左側に書かれているのは「資産」です。資産とは何かと言えば、自分が使えるもの、使っていいものを指します。「自分の」ではなく、「自分が使える」であることに注意してください。

右側に書かれているのは、上が「負債」、下が「資本」です（会計用語としては「純資産」が使われますが、本書では「資本」で統一することにします）。

負債というのは、他人から借りているもの、要は借金のこと。

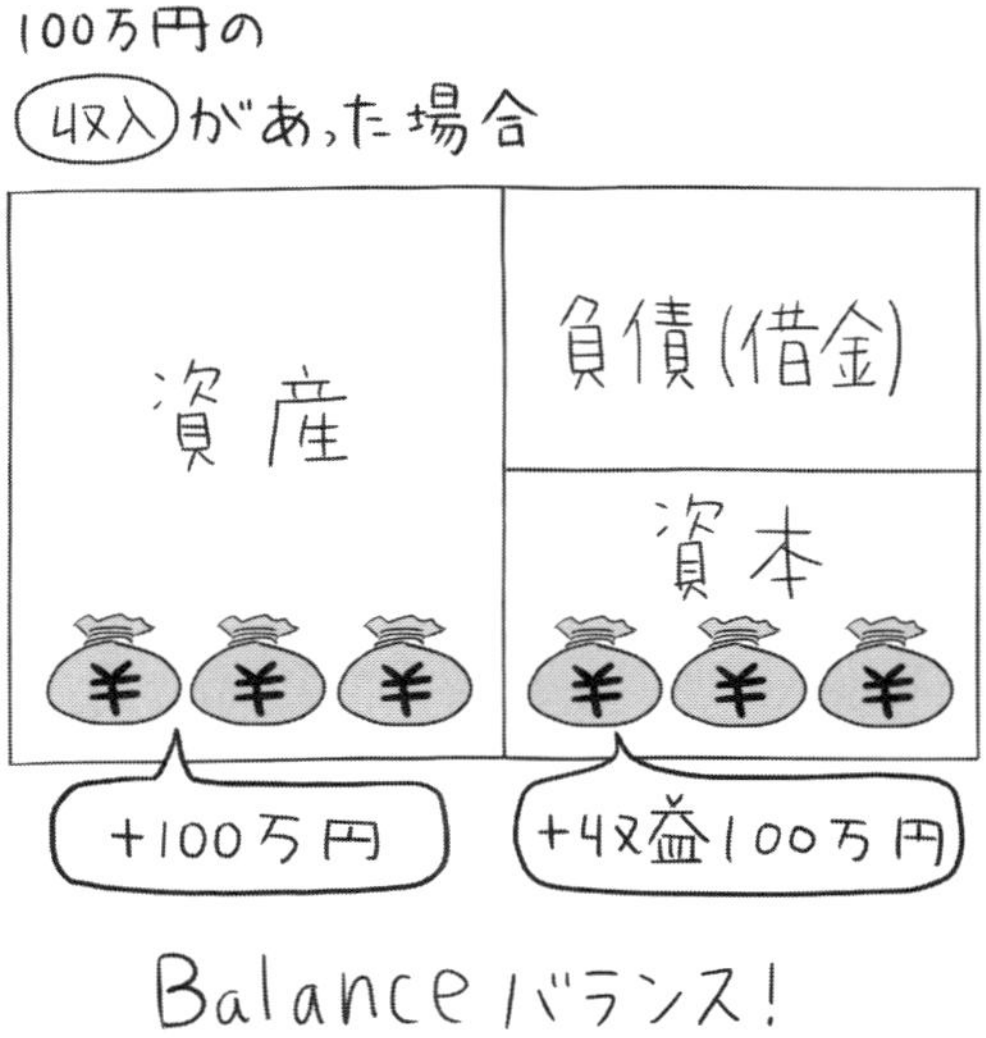
100万円の
収入があった場合
資産
負債(借金)
資本
+100万円
+収益100万円
Balanceバランス!

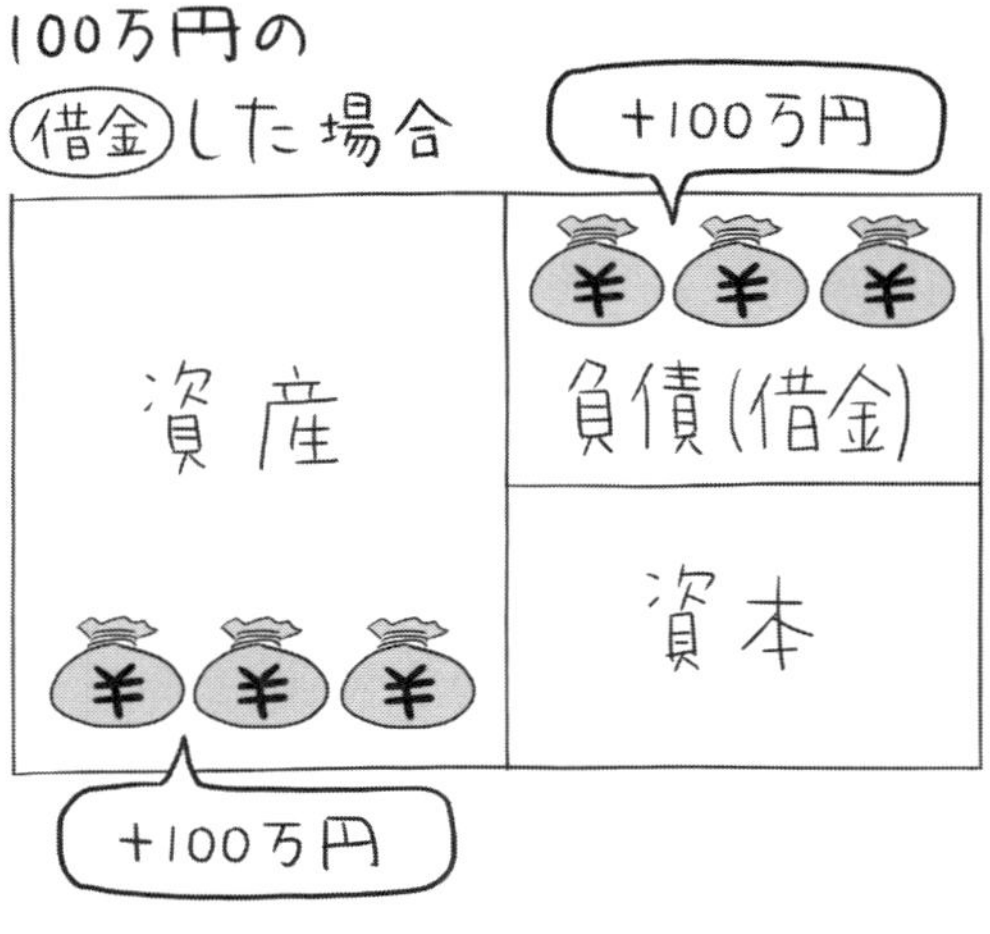
100万円の
借金した場合
+100万円
資産
負債(借金)
資本
+100万円

資本というのは、「自分自身のもの」です。

つまり、「負債」と「資本」を足し合わせたものが「資産」ということになります。逆に言えば、資産から負債を引いた残りが資本とも言えます（会計用語として「純資産」が使われるのは、この意味を強調するためでもあるのでしょう）。

先ほど、資産とは「自分が使えるもの」だと書きましたが、借金も含めて自分の資産なんですね。

人によっては驚くかもしれません。親から「借金はよくないもの」と教えられて育ったという人もいるでしょうし、小学校や中学校では借金も資産のうちなどと教わりませんから。

では、バランスシートはいったいどう使われるのでしょうか。

例えば、仕事をして現金で１００万円の報酬をもらったとしましょう。この場合、左側には「現金」が１００万円追加され、右側には「収益」が追加されます。その結果、追加された１００万円分資本が増え、資産も大きくなります。

１００万円の借金をした場合は、どうなるでしょうか。左側に現金１００万円分が追加されるのは先ほどと同じですが、右側に追加されるのは収益ではなく借金です。資産の増加額は先ほどと同じでも、今度は右上の負債が増える点が異なります。

ここで100万円の借金を返したら、右側の負債が100万円減ると同時に、左側からも100万円減る、つまり資産全体は100万円減ることになります。

左側と右側が常に釣り合っているから、バランスシートというわけです。

これくらいの単純な取引だけなら、単式簿記でも十分に管理できます。しかし、さまざまな品を仕入れては売るということを繰り返していくとしたら？　人からお金を借りて、新しい店を出すなど事業を拡大していくとしたら？

いったい自分はどれだけのものを使えるのか、そのうち人から借りているのはいくらで、自分の持ち物と言えるのはいったいどれだけなのか。資産状況を把握するためには、複式簿記が不可欠です。

よく「お金は天下の回りもの」という言い方をしますね。でも、バランスシートが生まれたことによって、「自分の持ち物」である「資本」が発見されたという見方もできます。

バランスシートができたことで、自分のものと他人から借りているものをきちんと区別できるようになり、借金を行いやすくなった。人からお金を借りることで、手持ちのお金でできる以上のことができるようになった。

これが、資本主義の原点なのです。

「借金も財産」という驚愕の事実

僕がお金に関して真剣に考えるようになった、いや考えざるをえなくなったきっかけがあります。

１９９１年、バブルが弾《はじ》けたその年の暮れ。当時の僕は、アメリカのカリフォルニア大学バークレー校に留学していたのですが（ちなみに留学のための学費、旅費諸々は自分でバイトをして工面しました）、この時たまたま帰省していました。

実家は築１００年以上の大きな古民家だったのですが、これが失火によって全焼してしまったのです。実家を再建しなければならないのだけど、その時動けるのが僕だけだったため、１人であれこれ手続きや金の工面に走り回ることになりました。

実家も火災保険に加入してはいましたが、保険でカバーされる範囲などたかが知れています。再建費用を大まかに計算してみても、保険金など頭金にしかならないことがわかりました。

となると、どこかからお金を借りてこなければならない。当時の住宅ローン金利はなんと年利6・5%。現在の住宅ローンは年利で1%を切っているものも珍しくありませんが、当時はバブルが弾けたとはいえ、今からは考えられないほどの高金利でした。一般の人が借りられるローンとしては一番金利の低い住宅金融公庫でこれですから、消費者金融の金利など推して知るべしです。

返済計画を真剣に考えないとかなりヤバいことになるのは、自分で事業を興した経験のない僕にもわかりました。幸い土地を担保にしたり、父親の信用もあってお金を借りることはできましたが、返済計画を立てる際は本当にヒヤヒヤしました。実際に返済を行うのは父親でしたが、危うく僕も連帯保証人にされそうになりましたね。

一連の騒動で実感したのは、借金の意味でした。有利な条件で借金をしようとすれば、とにかく信用が物を言う。信用がなければ借金はできないし、借金できるということはそれだけの信用を持っていることの証でもあるのだと。

さて、実家の再建を進めていると、これはちょっとやそっとでは終わらないこともわかってきましたから、アメリカの大学に戻るのは先送りにして、まずは日銭を稼ぐことにしました。

家にいながらできて、なおかつ割の良い仕事はないか。そう考えて見つけたのが、技術翻訳。アメリカのソフトウェアメーカーが開発した製品のマニュアルを日本語に翻訳する仕事です。翻訳したマニュアルのテキストデータは、「パソコン通信」を使って送付することになっていたので、まずはパソコンとモデムを買いそろえました。

当時の日本はまだ一般の人がインターネットを使う環境は存在しておらず、パソコンを使ったネットワークと言えばパソコン通信しかありませんでした。今のインターネットとは異なり、パソコン通信は特定のユーザーと専用のホストコンピュータを電話回線を経由してつなぐ仕組みでした。

実は、僕が在籍していたカリフォルニア大学バークレー校はインターネットの黎明期において非常に大きな役割を果たしています。インターネットの世界で広く使われているUNIX系OSの1つBSDを始めさまざまなプラットフォームやツールを開発していましたし、IT企業の創業者も輩出しています。

当時の僕の専攻は化学でしたが、自分の実験の下手さに嫌気が差し、データ分析を学ぼうとコンピュータサイエンスの講義を取っていました。その知識のおかげで技術翻訳の仕事にありつけたわけです。

運が良かったことに、この技術翻訳の仕事はネットワークプロトコルに関するものでした。プロトコルというのは、どんなふうにデータをやり取りするかを取り決めたもので、インターネットではTCP／IPが使われています。

90年代前半の日本は、インターネットの接続事業者、いわゆるプロバイダーがあちこちで立ち上がり始めていましたが、TCP／IPの知識を備えていて実際にシステムを構築できる人間は稀少でした。技術翻訳のつながりで、僕はインターネットプロバイダーの立ち上げを手伝うようになり、やがてビジネスにするようになりました。

事業主としてビジネスを行うようになると、カネの流れをきちんと把握しなければなりません。会社を経営するには、複式簿記というのを覚えないといけないらしいと知り、講習会に参加したのですが――。

複式簿記は、なんという頭のいい発明なのか！

自分の持っている「資産」は、人から借りている「負債」と、自分自身の「資本」で構成されている。左右のシートが常に「バランス」がとれるよう、お金の出入りを「仕訳」していく。このバランスシート（BS）と、収益／費用を管理する損益計算書（PL）を合わせれば、自分の資産状況が確実に把握できるのです。

バランスシートという概念を知ったことで、世の中のカネの流れがとてもクリアに見えてきました。

借金とは「仮想記憶」

僕はプログラマーなので、資産と負債、資本の関係をよくコンピュータにたとえます。
カタログでパソコンの仕様を見ると、「メインメモリ」（たんにメモリと省略されることもあります）が何GB（ギガバイト）、「ストレージ」が何GBと書かれていますね。
メインメモリというのは、CPU（コンピュータの頭脳に当たる部品）が処理を行う上でデータを一時的に置いておく場所。一方ストレージというのは、プログラムやデータを補完しておくための外部記憶装置のことで、ハードディスクやSSDなどがあります。
ハードディスクやSSDはメインメモリよりずっと安価で大容量ですが、メインメモリほど高速には動作しません。ストレージからメインメモリにプログラムやデータを読み込んできて、処理を実行するのがコンピュータの基本的な動作です。

さて、今時のパソコンやスマホは、「仮想メモリ」という仕組みが使われていて、メインメモリとストレージの違いを昔ほど意識する必要がなくなりました。メインメモリが足らなくなったら、コンピュータ（正確にはコンピュータを制御するソフトウェアであるOS）が、自動的にストレージ上に仮想メモリを確保してくれます。メインメモリの容量が少なくても、大きなプログラムやデータを扱えるようになっているんですね。もちろん、実際のメインメモリが少ないと、コンピュータ全体の動作は遅くなってしまいますが。

メインメモリは資本、ストレージは負債です。

メインメモリとストレージを合わせた仮想メモリ全体が、あなたの利用できる資産ということになります。

借金は、必ずしも悪ではない

こうやって考えてみると、借金は必ずしも「悪」だとは言えないことがわかってきます。

「借金しないことが偉い」と思っている人が多いのですが、借金できるだけの「信用を持っている」ことのほうが偉いのです。

産業によっても異なりますが、製造業の企業だと、「自己資本率」（資産に占める資本の割合）が3割くらいしかありません。別の言い方をすれば、自己資本は3割でいいとも言えます。

小さくても商売をしていれば、必ず売掛金（未回収の売上など）や買掛金（仕入れなどの未払い金）が発生します。「無借金経営」と言っている企業だって、バランスシート上は必ず貸し借りがあるんですよ。

自分には借金なんてないと思っている人だって、必ず負債はあります。例えば電気代。何らかの電気製品を使っていれば、使用量に応じた電気代を支払わなければなりませんが、リアルタイムに電気代を払ったりはせず、月ごとに払うのが普通でしょう。電気を使っている人からすればこの電気代は買掛金という負債ですし、電力会社からしたら売掛金という資産になります。

いわゆる借金がない人はいるでしょうが、現代社会において完全に無負債ということはありえません。無負債が唯一成り立つとすれば、すべての取引を現物、現金で決済している場合でしょう。

この時、バランスシートの左側の資産はすべて現金、右側がすべて資本（自己資本率100％）になるので複式簿記は不要ですが、こういう生活を現代社会において行うのはほぼ不可能と言っていいでしょう。

なぜ経済成長が起こるのか？

バランスシートがわかってくると、事業でのお金の流れだけでなく、日本や世界の経済も見えてきます。

経済とは何かというのは、実は非常に難しい問いですが、ここではとりあえずお金を介した、モノやサービスの取引ということにしておきましょう。

経済の規模を測るのによく使われる指標がＧＤＰ（国内総生産）で、断トツの世界第１位はアメリカ合衆国、第２位は中国。日本は２０１０年に中国に抜かれて第３位になっています。

歴史的に見て、世界のＧＤＰは増加し続けてきました。では、なぜＧＤＰが大きくなるのか、これをバランスシートで説明してみます。

ある村に、AさんとBさんの2人がいたとしましょう。これまで2人は、「いつもニコニコ現金払い」で暮らしてきました。バランスシートで言えば、資産が全部現金、100%自己資本の状態です。2人とも資産は100万円ということにしておきましょう。

ある日、何を思い立ったか、BさんはAさんにお金を貸してくれるよう頼みました。ここでは話を単純にするために、Aさんはすべての資産（100万円）をBさんに貸してあげたとします。

これによって2人のバランスシートはどう変化したと思いますか？

Aさんのバランスシートの高さには、まったく変化がありません。変化したのは、バランスシートの中身です。Aさんのバランスシートの左側は、現金100万円から貸付金100万円になりました。右側は相変わらずすべて自己資本で変わっていません。

一方、お金を借りたBさんのバランスシートは高さが大きく変化します。Aさんが持っていた現金がBさんのバランスシートの左側に乗っかります。だけど、これだと左右がバランスしていません。釣り合わせるためには、右側に「負債」として100万円分を乗せる必要があります。

では、AさんとBさんのお金を合わせた経済規模はどうなったかといえば、200万円から300万円になったのです。

ちなみに、企業の場合は親会社や子会社、関連会社間の貸し借りなどを消し込む「連結決算」の処理を行いますから、GDPもすべての企業や個人のバランスシートを単純に加算したものではないのですが、お金の貸し借りによって、経済規模が拡大していくということは覚えておいてください。

騙されている気がするかもしれませんが、リアルな世界でも銀行がお金を貸し借りすることで行う「信用創造」は、こういう仕組みになっています。

ただし、バランスシートは左右がバランスはしていますが、これが質量やエネルギーのような「保存量」ではないことには注意が必要です。中学校の化学では、化学反応の前後で物質の総質量は変化しないという「質量保存の法則」を習いますし、高校では「エネルギー保存の法則」を習いますが、お金というのはこれらとは違います。「幻想量」というか「妄想量」というか、みんながあると思っているからある、不思議な存在なんですね。

よく「お金は天下の回りもの」と言われます。世の中にあるお金がすべて現金だとしたら、お金は保存量だと言えます。AさんがBさんに1000円札をあげても世の中にある1000円札の量は変わらないのですから。

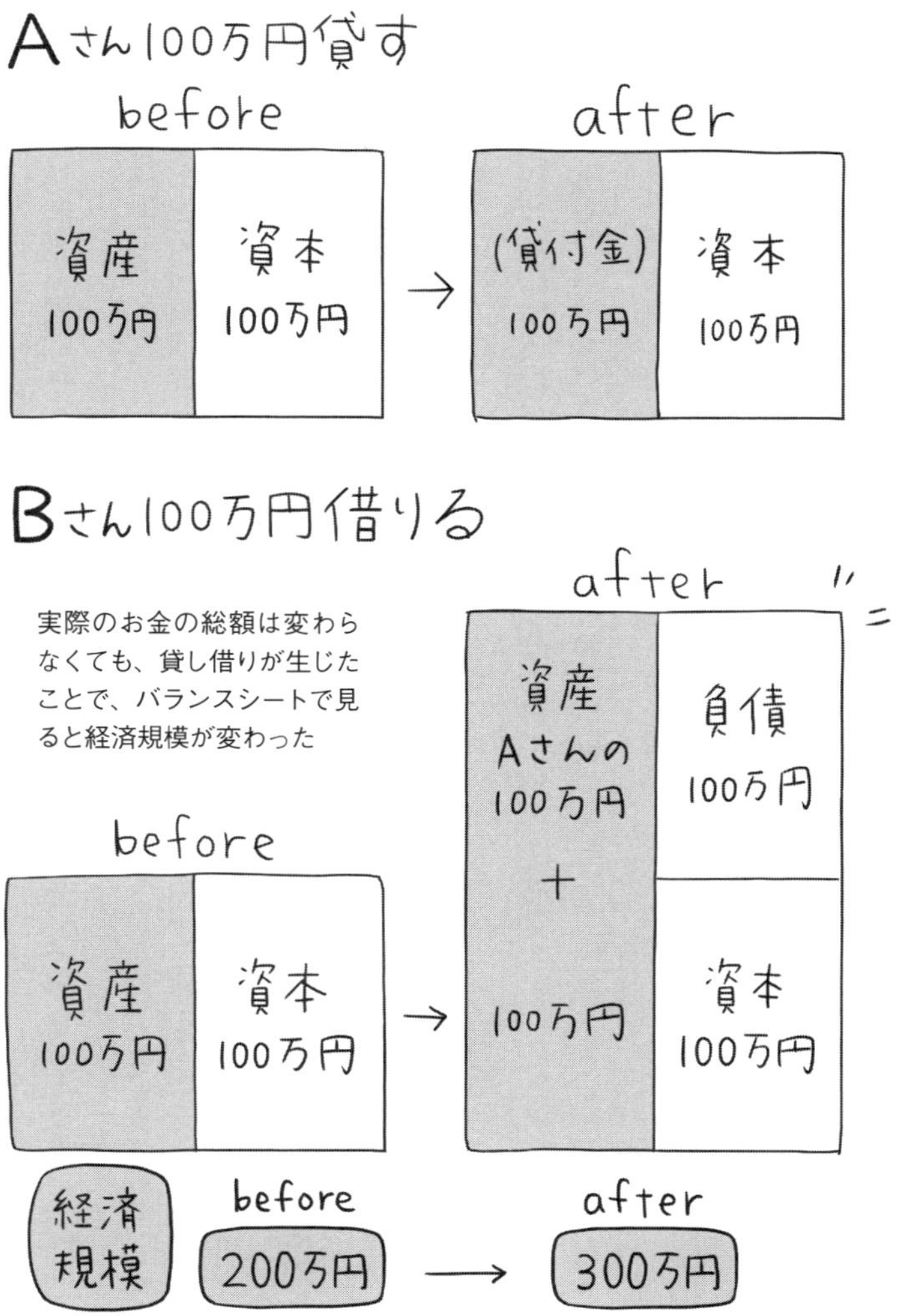
Aさん100万円貸す
before
資産
100万円
資本
100万円
after
(貸付金)
100万円
資本
100万円
Bさん100万円借りる
実際のお金の総額は変わらなくても、貸し借りが生じたことで、バランスシートで見ると経済規模が変わった
before
資産
100万円
資本
100万円
after
資産
Aさんの
100万円
+
100万円
負債
100万円
資本
100万円
経済規模
before
200万円
after
300万円

しかし、AさんとBさんの間で未来についての約束を取り交わすことで、お金は保存量ではなくなります。難しい言い方をするなら、お金は空間的には保存量だけど、時間的には保存量ではないと言えそうです。

AさんとBさんの例では、経済規模は３００万円に拡大しました。だけど、Bさんが商売に失敗するなどして、Aさんに１００万円を返せなくなったらどうでしょう。Aさんからすれば、「ある」と思っていた自分の資産１００万円がなくなってしまいます。そして、Bさんは「信用」を失うことになります。

実際の世界では、こういう問題を起こりにくくするためにいろんな規制があります。例えば、銀行が貸し出せるお金の額には制限がかけられています。

だけど、みんながみんなきちんと借りたお金を返せるわけではありませんし、これまで価値があると思われていたものの価値が減ってしまう（というか、みんながそのものの価値を認めなくなる）こともあります。１９９０年代に日本で起こったバブル崩壊では、土地の価格が暴落したりもしました。

同じ資産でも、現金が強いワケ

　さまざまなところからお金を借りて投資する、得た利益を分配するなど、ビジネスでは複雑なお金のやり取りが行われますから、複式簿記がないと会計を管理できません。

　会社勤めをしている人であっても、給料日に実際の給料を受け取るまでそれは「売掛金」である——といった会計的な考え方は、人生において重要な判断を迫られた時、必ず役に立ちます。

　重要な判断を迫られるのは、大きな借金をするケースでしょう。家や土地を買う、奨学金を借りて大学に行くといったケースですね。

　借金をする、ローンを借りる場合、バランスシートは大きく変化します。全体の「資産」が大きくなり、右上の「負債」が増える。

　資産と一口に言いましたが、バランスシートに記載する資産には順番があります。資産は大きく「流動資産」と「固定資産」の2つに分けられ、流動資産には現金や預金、売掛金や証券類が含まれます。固定資産に含まれるのは、建物や機械装置、土地、借地権、特許権、著作権等々です。

流動資産は1年以内に現金化できるもの、固定資産はそれ以外ということになります。要するに、**現金に近い資産ほど上に書く**ことになっています。

この順番はたんに規則で決まっているだけでなく、大きな意味があります。バランスシート全体の大きさ、資産は保存量ではないと言いましたが、それが示す価値は確固たるものですらないのです。

例えば、2億円の現金を持っている人が、さらに1億円を借りたら資産は3億円になります。この人が2億円の土地を買っても、資産総額は3億円のままです。しかし、この人の資産はバランスシートに記載されている通り、本当に3億円の価値があると言えるのでしょうか？

バブル崩壊以前の日本では、不動産を購入したら、購入時の価格をそのままバランスシートに記載すればよいことになっていました。2億円の土地を買ったのなら、固定資産の欄に2億円と書いておくだけです。

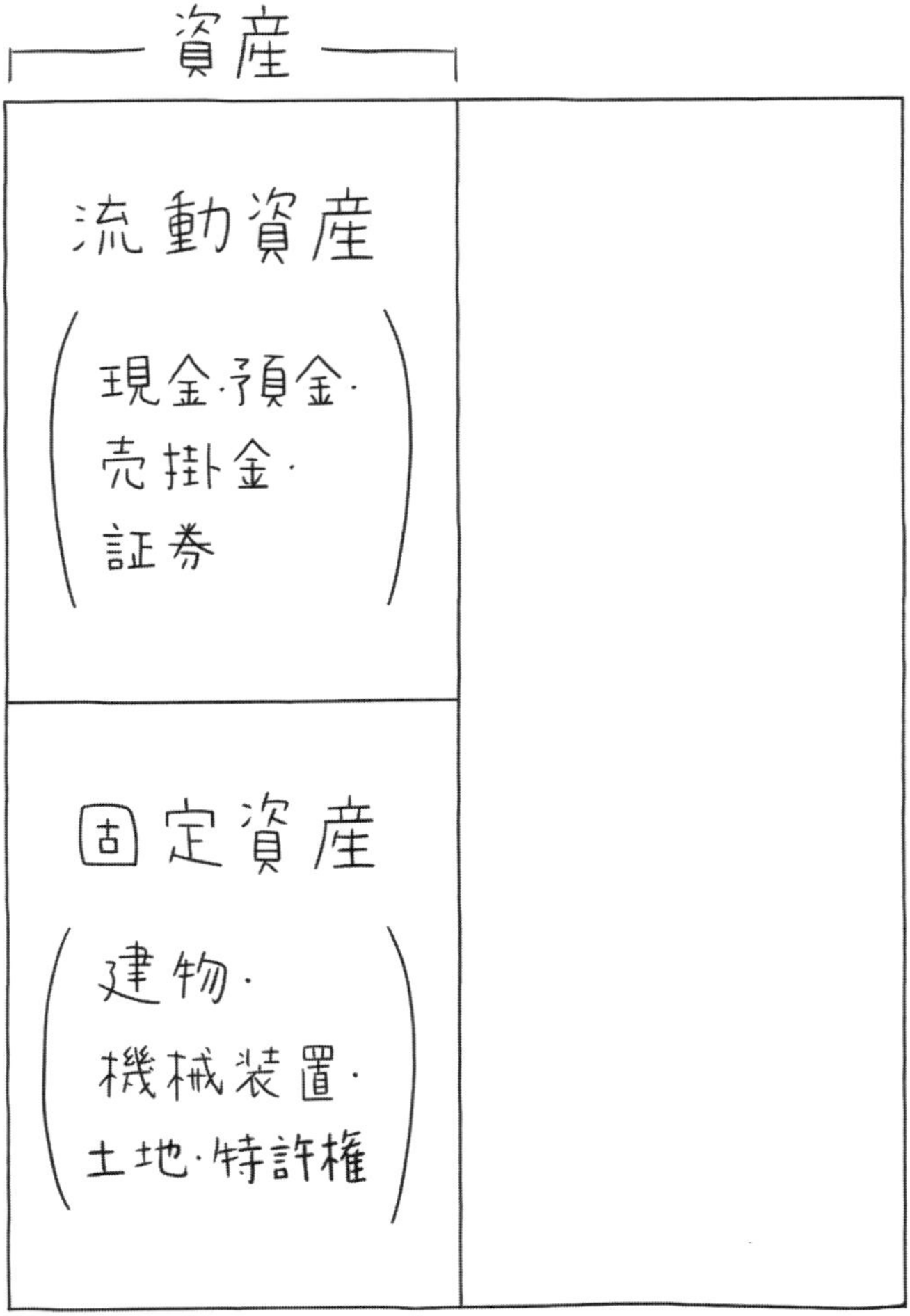
資産
流動資産
(現金・預金・
売掛金・
証券)
固定資産
(建物・
機械装置・
土地・特許権)

バブルが崩壊するまでは、土地の価格は上がり続けるものだと大勢の人が信じていました。2億円で買った土地が、あっという間に20億円になってしまうこともザラでした。こんな場合でも、バランスシート上だと土地は2億円のまま。バランスシートには記載されない「含み益」が増えることになります。

しかし、バブル崩壊によってその逆もありえることをみんな思い知りました。2億円で買った土地に1億円、1000万円の値段しか付かず、「含み損」が増えていくことになります。

バランスシートに記載されていないと、資産価値が本当はどれくらいなのかわからなくなりますから、バブル崩壊後には会計基準や商法の改正が行われました。決められたスパンで資産価値を洗い出し、バランスシートに記載することが必須になったのです。土地などの資産価値が買った時よりも上がった、あるいは下がったら、「特別利益」「特別損失」として記載するルールができました。

土地や株式の時価をバランスシートに反映させることで、どれくらいの資産があるのかを以前よりも把握しやすくはなりましたが、それでも100%正確な価値を示せるわけではありません。例えば、路線価などの地価が公開されていても、本当にその値段で土地が売れるとは限りません。実際に売ってみるまで、いくらかはわからないのです。

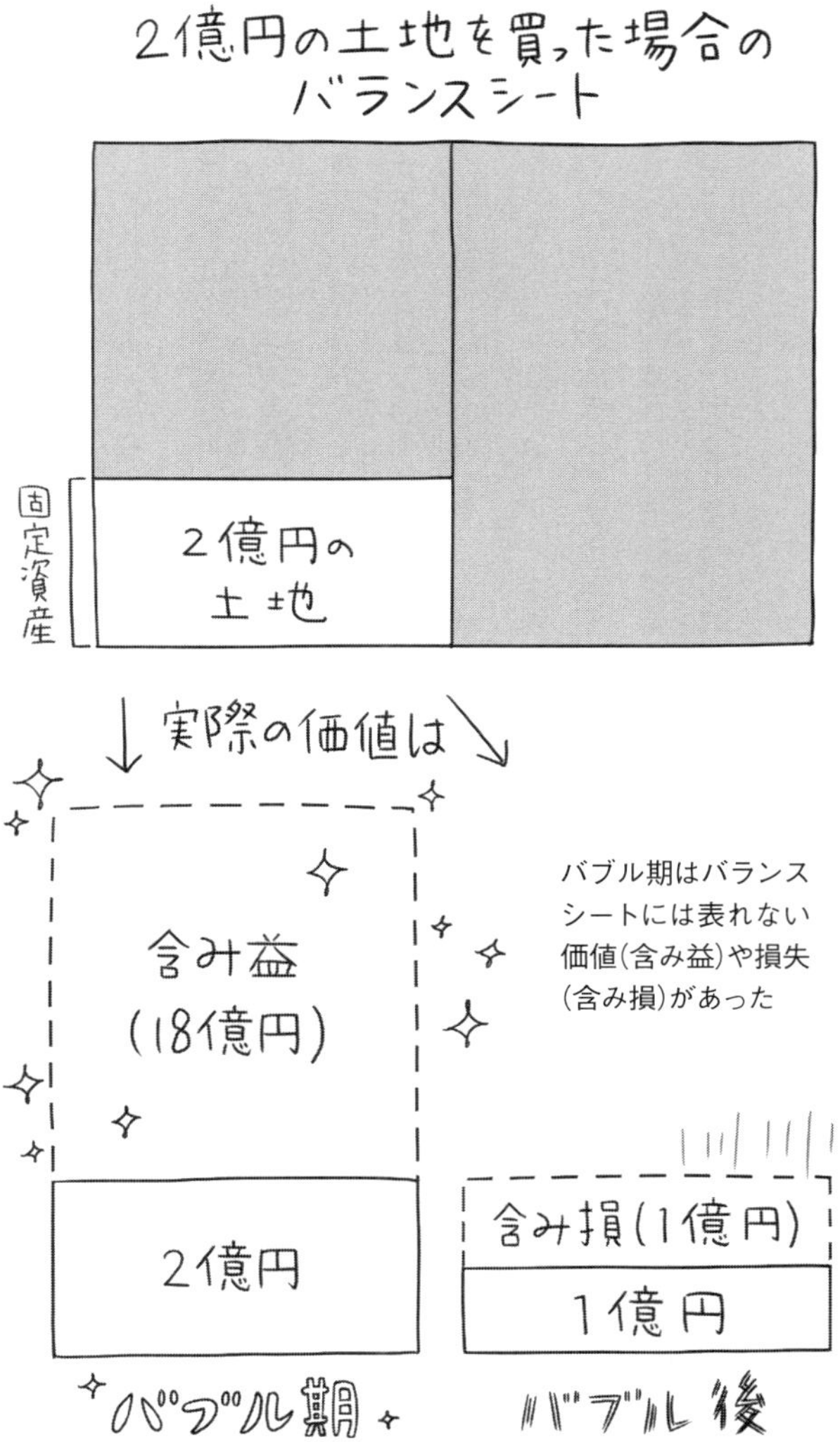
2億円の土地を買った場合のバランスシート
固定資産
2億円の土地
実際の価値は
含み益(18億円)
2億円
バブル期はバランスシートには表れない価値(含み益)や損失(含み損)があった
含み損(1億円)
1億円
バブル期
バブル後

バランスシートでは、「自分の持ち物はこれだけの価値がある」と決め打ちしています。だから「含み益」とか「含み損」という言葉が出てしまう。もし仮に「本当に正しい簿記」が存在するのであれば、含み損や含み益はあってはならないはずでしょう。

バランスシートはお金を測るための極めて優れたツールですが、万能ではありません。資産に本当にどれだけの価値がある、というか市場でどれだけの価値があるものとして流動するのかは、バランスシートには記載されていません。

バランスシートは嘘つきのツールとして使われることも多いんですね。資産価値を高く見せかける行為は、企業会計でも行われたりします。だからこそ、企業会計においては監査法人が必要なんですけどね。バランスシートの「含み」を減らして、市場での価値にできるだけ近づけるのが監査法人の役割ということになります。

バランスシートに記載される資産価値は、あくまでも便宜的なものです。だからこそ、別の資産に交換しやすい現金の割合が重視されます。

よいバランスシートとは何か。

答えは簡単で、左側の「資産」に占める現預金（およびそれに準じる資産）の割合

が高く、右上の「負債」の割合が低いこと。

資産に占める現金の割合が高ければ、いつでも好きなタイミングで負債を減らすことができます。

バランスシートで考える「持ち家vs.賃貸」

大きな借金の代表と言えば、やはり家でしょう。持ち家を買うか、賃貸にするか。神学論争のように、この話題はいつも熱い議論を呼びます。

家賃を払い続けるより、買ってしまったほうがお得という人もいますが、はたしてこれは正しいのか。日本は土地信仰、持ち家信仰が強い国ですが、土地や家を買ったとしても自分が利用できるのは自分の寿命の間だけ。家を買うというのは、自分の一生分賃貸しているという見方もできます。

原理的なことを言えば、持ち家でも賃貸でも損得は同じはずです。仮に、100人中100人が「賃貸物件を借りるほうが得！」という状況なら、家を貸し出す人がいるわけがないじゃないですか。なんだかんだ言って、モノの価格というのは市場原理によって均衡していくものですから。

しかし、家を借りている人と買った人のバランスシートは同じではありません。

ローンを組んで家を買った人は、右上の負債が一気にどんと増え、返済を行うたびにこの負債を減らしていきます。そして、自分はもっと安い物件を借りて、買った家を貸し出すことができるのであれば、家賃収入を得ることもできる。貸し出しても、買った家がなくなるわけではありません。

賃貸物件を借りている人は、毎月家賃を払わなければいけない。言ってみれば、右上の負債が常に乗っかっている状態なわけです。そのため、(ローンを完済してしまった人に比べれば)負債の分だけバランスシートは大きくなってしまう。

では、家を買ったほうが得かと言えば、そうとは限らない。家の価格が変わらないのであれば話は簡単ですが、不動産価格は上がったり下がったりします。

一方、家賃は株式市場みたいに毎日毎日変わるものではありません。というより、立場が弱くなりがちな借り手を保護するため、日本の借地借家法では家賃をころころ変えられないようになっています。寿司屋のように「家賃、時価」ということはないわけです。

確実に言えるのは、家を買うほうが「ハイヤーリスク、ハイヤーリターン」である

ということ。借金して家を買い、不動産価格が上がったら儲けは大きいけれど、下がった時の損も大きい。

支払いの合計額云々ではなく、どれだけのリスクを自分が許容できるのかが、重要なのです。

基本的な考え方は、ここまで述べた通りなのですが、家を買う借りるの話で言うと、ローン金利や税制も大きな要素です。日本の場合、家を持とうというインセンティブをサラリーマンに持たせるため、住宅ローンに関しては異様なほど優遇があるんですね。

自営業者が自宅を抵当に入れて、お金を借りた場合、金利は年利で3〜6％にもなります。

これに対して、住宅ローンはずっと低く抑えられており、２０１８年頃までは１％を切っているのが当たり前でした。

ここで身も蓋もない事実を言ってしまえば、**お金持ちになればなるほど、お金を安く借りて儲けられるようになっています。**住宅ローンを組んで安くお金を借り入れ、そうしてできた余裕資金を株式などに投資し、高いリターンを得ることもできるのですから。

しかも、少し前までは住宅ローンの場合は税金に関してもとても有利になっていました。

住宅を買うことで、税金の控除額が増えるどころか、所得税自体を毎年割り引いてくれる仕組みがあったのです。経費を50万円増やせるんではなくて、全部精算してから住宅ローン控除というのはそこから引けるんですよ。5000万円の住宅ローンを抱えていたとして、ある年の所得税が本来は100万円だったとしたら、そこから50万円分を引いたものが税額になる。

さすがにここまで住宅ローンを優遇して、お金持ちにお得な税制にするのはいかがなものか。制度によって得をした側の僕ですらそう思いました。

ただし、重ねて言いますが、持ち家というのは賃貸に比べて、ハイヤーリスク、ハイヤーリターンであることは肝に銘じておいてください。金利などで優遇措置を受けられたとしても、不動産価格が下がることは当然ありえるのですから。

お金は借りっぱなしのことが お得なこともある

資産に占める現金の割合が高く、負債の割合が少ないバランスシートほど健全です。**借金を返済するというのは、バランスシートを小さくする行為だとも言えます。**

個人に関してはこの方針で基本的に問題ないのですが、バランスシートのサイズが一定のままでいいのであれば、借りっぱなしでもいいわけです。

組織が大きくなればなるほど、お金を「借りっぱなし」にするほうがお得なことは知っておいたほうがいいでしょう。

企業は、そうやって運転資金を調達するのが一般的です。バランスシート上では「長期借入金」として負債の欄に記載されるもので、低金利で長期にわたって金融機関などから借り続けているんですね。低金利でお金を仕入れて、そのお金を元手に投資を行い、借りたお金以上の利益を生み出す。不動産ではなく、お金に対して家賃を払っているようなイメージでしょうか。

住宅ローンを安く借りて投資に回すという話を先にしましたが、利益を生み出せる当てがあるのなら、借金をし続けるのは1つの手ではあります。

組織が大きくなれば大きくなるほど、お金の借りっぱなしは貸し手から認められやすくなります。貸し手としては、信用の高いところに貸すほうが取りっぱぐれがなくなると考えますからね。

借りっぱなしが認められている一番大きな規模の組織とは、何を隠そう政府です。

なぜかと言えば、政府が借金をしていたとしても、税率や課税対象を変更して税収を増やし、借金を返済することもできてしまう。返済するならマシなほうで、借金を踏み倒してしまうことすら可能です。

政府による借金の踏み倒し（デフォルト：債務不履行）というのは、意外によく起こっています。アルゼンチンなんて、２０１８年までに８回もデフォルトを起こしているほどです。

日本政府も借金の踏み倒しと無縁ではありません。第二次世界大戦後の１９４６年、日本政府はインフレ対策のためにそれまで流通していた紙幣（旧円）を、新しく発行した紙幣（新円）へ強制的に切り替えさせました。この時、日本政府の発行した国債は実質的に無価値になってしまいました。

バランスシートで考える奨学金

もう1つ、個人レベルで決断をしなければならない例として、奨学金を挙げておくことにしましょう。

返す必要のない給付奨学金ではなく、返済の必要がある奨学金なら立派な負債です。その負債を負うのは本人。借りた時に未成年だったとしても、本人が返済していかなければならない。だとしたら、奨学金の契約を行う時点で、借りる本人が複式簿記を理解していなければならないはずです。

それでは、実際に奨学金という名の学資ローンを組んだとしましょう。金額は、仮に800万円としておきましょうか。

800万円のローンを組んだとすると、バランスシートの左側、資産には現金が800

万円分、右上にも800万円分の負債が乗っかることになります。バランスシートは、いきなり大きく膨れあがることになりました。

800万円はでかい金額ですが、入学前、学校に学費を払う前の段階であれば、まだこの800万円は返済できます。800万円の現金を「やっぱり借りるのをやめます」と言えばいいだけですから（実際には契約条件によりますが）。

だけど、普通はここで学校に入学して、学費を払うことになります。この学校は、4年分の学費を現金で一括払いしろという、なかなかにあこぎな商売をしているため、あなたはしぶしぶ800万円を払いました。

学費を現金で払ったわけですから、資産から現金800万円分が消えることになります。けれど、借金をしたという事実、負債が消えてなくなったりはしません。バランスシートでは、左の「資産」と、右の「負債」＋「資本」は常にバランスしているはずです。

では、消えてしまった現金は何に変わったのか？　これはいったい何なのか？

借金を返済したわけではありませんから、バランスシートの大きさはそのままです。変わったのは、資産の部の「現金」と「そうでない資産」の境目です。

学資ローンだとピンと来ない人もいるでしょうから、今度は馬を買ったことにしましょうか。現金８００万円を借りて馬を買い、代金８００万円を現金で支払ったと。この場合、バランスシートは次のように変化します。

借金をすると、「資産」に現金８００万円、「負債」に８００万円が乗っかる。
馬の代金を支払うと、現金８００万円が、固定資産８００万円に変わる。

馬の価格が資産としてバランスシートに記載されていることがわかります。この段階ではまだ８００万円の負債は乗っかったままです。馬主は、この馬をレースに出場させて賞金を稼がせる。レースに勝って賞金を獲得できたら、８００万円分の負債を返済できるかもしれませんし、運が良ければ借金を返済してもお釣りがくるくらい稼ぐかもしれません。借金をして負債を抱えるのであれば、最低限その分だけは資産価値が上がっていないといけない。そうでないと、バランスシートが崩れてしまい、債務超過の状態になってしまいます。

学資ローンを借りるのも、まったく同じことです。馬の場合は固定資産として扱いましたが、人間ですからここでは「知的労働力資産」とでもしておきましょうか。

この知的労働力資産をどう考えるか。ここでは単純化して、金利はゼロ％ということにしておきます。

高卒で働いたら年収２００万円の人が、大学で学ぶことで年収４００万円になったのであれば、その差は年間２００万円。８００万円÷２００万円＝４ということで、４年で元が取れることになります。５年目以降は、（年収がそのままだったとしても）ずっと利益が出続けるわけです。自分の知的労働力という資産に８００万円を投じることで、その資産から利益が生じるという見方もできます。この場合は、リスクが報われました。

けれど、８００万円の投資をしたにもかかわらず、年収が２００万円のままだったらどうでしょうか。８００万円の負債は残ったままですから、丸損です。

今の例では金利をゼロ％としましたが、実際はもっとシビアです。なぜかと言えば、将来の価値は割り引いて算定されるものだから。「将来得られるかもしれない１００万円」は「今ここにある１００万円」よりも価値が低いのです。

誰だって、同じ１００万円をもらえるのなら今すぐもらえたほうがいいに決まっています。1年後、5年後、10年後に１００万円もらえると言われたのなら、１００万円に加えていくらか上乗せしてもらわないと割が合わないと思うでしょう。

これを経済学用語ではＤＣＦ（Discounted Cash Flow：割引現在価値）と言いま

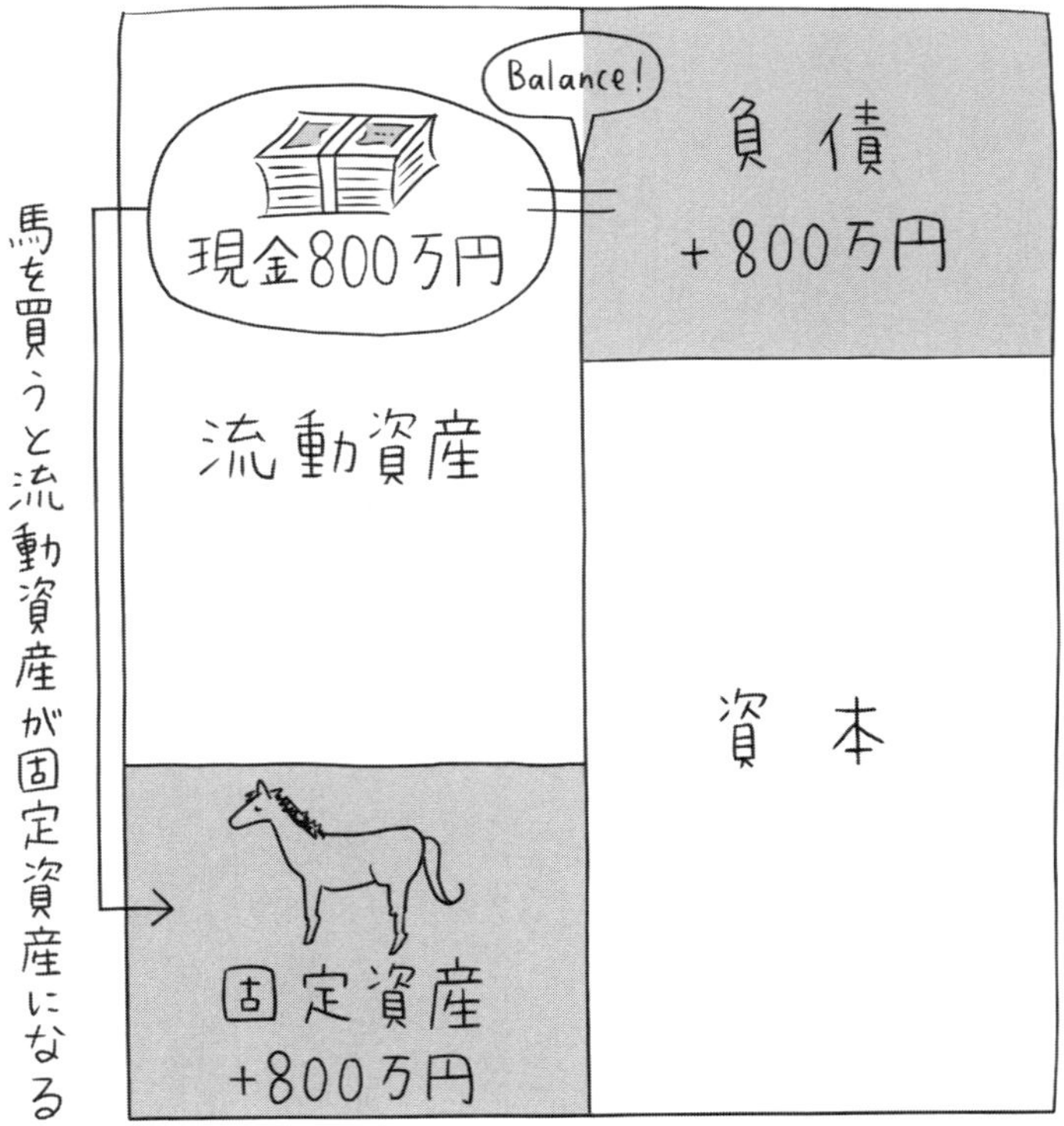

借金をすると「負債」になるが、馬を買ったりその奨学金で
大学に進学したりすると「固定資産」になる

す。

例えば、年俸1000万円のアスリートがいたとしましょう。この人は1年目で1000万円、2年目も1000万円、3年目も1000万円の年俸に値するプレーをしたけれど、では30年分の価値となるとどうか？　単純に年俸を30年分足したら3億円ですが、4年目も1000万円の価値があるかどうかはわからない。まして、30年契約を結んで3億円を即金で払ってもらえることはないでしょう。

奨学金の話でいえば、もし800万円の借金をして、その元を取りたいのであれば800万円以上の価値を生み出す必要があるわけです。

教育への投資は、国にとって旨味が大きい

今述べたのは、個人レベルで奨学金を借りる場合の話です。数百万円に及ぶ負債を返せるだけの価値をはたして生み出せるかどうかは、よく考えなければなりません。「教育」に投資することは割に合わないと判断する人もいるでしょう。

ところが個人レベルではなく、もう少し大きなレベルからだと、また違った光景が見えてきます。

一人一人が８００万円の奨学金を借りるのではなく、例えば1万人、10万人、１００万人のオーダーで考えてみるのです。１００万人が８００万円を借りたら、合計は８兆円。莫大な金額ですが、貸し手（例えば、国です）の側からすれば8兆円を貸したとしても10兆円、20兆円になって戻ってくるのであればまったく問題ないわけです。

大学の教育を受けることで、生涯年収が5割増しになるというのなら、その分だけ国富

（国民全体が保有する資産から負債を差し引いた正味資産）が増えることになる。８００万円を貸すのではなく、ただで給付してしまってもいい。貸し手が国であれば、出世払いということにして、税金として後から回収することもできますから。

もちろん、１００人が大学で学んだからといって１００人全員卒業できるとは限りませんし、できるヤツもいればできないヤツもいる。卒業しても稼げる人もいれば稼げない人もいるでしょう。学部や学科によっても違いはあります。同じように教育したとしても、その効果が人によって違うのはしょうがない。学校に通わなくても大きな会社を立ち上げる人もいれば、１億円の学費を払ってやっと医者になれる人だっている。けれど、大きな視点で見る時は「均《なら》してしまう」のが肝要なんです。

北欧諸国では高等教育を無償化していますが、その背景には「教育はよい投資」だという考え方があるのです。１人１人が稼げるかどうかはそんなに大したことじゃない。いろいろな能力を持った人たちが合わさって、価値を生み出せばいい。

教育に投資して本当に利益が上げられるのか。きれいごとを言っているように聞こえるかもしれませんが、今の日本の教育システムであっても、教育はなかなかいい投資案件だという傍証はあります。

例えば、奨学金の延滞率です。大学を出ても奨学金を返済できない人が多いということが話題になっていますが、日本学生支援機構によれば、2015年度末時点の奨学金の延滞額は約880億円。[*1] 880億円の借金が返済されていないと聞くと大変なことだと思うでしょうが、延滞率は平均で1・3%で、一般的な投資案件と比べて特に悪いとは言えません。貸し手側からすれば、今でも教育投資は「おいしい案件」だという見方もできます。

こういうことを理解していない大臣がいるのは、困ったことです。2018年に行われた福岡市長選の応援演説で、麻生太郎副総理兼財務相は、対立候補を「人の税金を使って学校に行った」と批判しました。これは彼一人に限った話ではありません。日本は、異様なほど教育に税金を使わない国です。

1人当たりの教育費について言えば、日本はOECD加盟国の平均を上回っています。ところが、GDPに占める公的支出の割合を見ると、OECDの中でも最低になります。[*2] この教育費のギャップを誰が埋めているかといえば、皆さんもお気づきのように、親です。親のお金や教育への熱心さによって、子どもの教育レベルが決まってしまうという意味で、非常によろしくない状態にあります。

高等教育の無償化というのは、いい意味で「人の税金で大学に行く」ということです。学費を無償化しても後で税金として返してもらえるのですから。個人単位で教育投資するのではなく、国レベルで投資をしたほうがリスクは確実に下がります。日本政府は、日銀を通じて上場投資信託（ＥＴＦ）を買い支えていますが、伸び悩んでいる企業の株を買うより、教育に投資したほうがはるかに割が良いことを理解すべきでしょう。

高等教育を受ける人が増えれば、詐欺に遭ったり、無駄遣いもしにくくなったりするので一石二鳥です。

今の日本では、水素水やプラズマクラスターといったトンデモ商品を上場企業が堂々と大学生協で販売していたりする。少し前には、大学がベンチャー企業と共同で「粉末の水素水」を開発したというニュースが流れてきて、僕は目を疑いました。どうしてこんな羽目になってしまっているのかと言えば、教育への投資が少なくて、我々の教育水準がまだまだ低いままだからですよ。

個人レベルで奨学金を借りているということは、お金を貸す側としても査定などに余分な手間がかかっているということ。全体として均してまとめて給付すれば、お金を貸すためのコストが不要になる。学ぶ人が増えるのであれば、教材やカリキュラムの品質も上げやすくなるし、コストも下げられる。

ついでに言っておくと、学校というのは教育のほんの一部にすぎません。僕は中学校の時に不登校になり自習して大検を取りましたが、そういうヤツだって図書館を始めとして、さまざまな場所やモノを利用して教育を受けているわけです。

大して教えなくても最初からできるヤツはいますから、そういう人間向けのエリート教育を重視するべきだと主張する人もいます。**だけど、教育ではできるヤツを徹底的にできるようにするだけではなく、できないヤツをある程度できるヤツにする、その両方が必要です。残念ながら、日本ではそのどちらに対してもしょぼい投資しかされていない。**

この章では、バランスシートについて説明していますが、そもそもこれは小学校や中学校で全員に教えておくべき内容です。

何を教えるべきかもきちんと精査せず、教科書の内容だけを増やしていくのははたして正しいのか。たんに教える側が教えやすいものを選んで教えているだけなのではないか。日本という国は、まだ教育の可能性を全然引き出せていないように思います。

教育をいい投資だと考えている国は、対象を自国民だけに限定しません。僕はカリフォルニア大学バークレー校でコンピュータサイエンスを学びましたが、学費のうちかなりの部分をカリフォルニア州が補助してくれました。最近はこうした補助も減少傾向にあって、今の学生はかなり厳しくなっているようですが。

留学生に対して学費を補助しても、その人が自国に帰ってしまったら投資として無駄になると考える人もいるかもしれません。しかし、アメリカの場合はそうやって教育投資を行った結果、世界中から優秀な人材を集めることができました。ＩＴを始めとしてグローバル企業が次々と生まれ、今の繁栄を築いたのです。

本当に日本の「生産性」は低いのか？

バランスシートを使うことで、これまで見えなかったお金の動きや価値を把握できることがおわかりいただけたと思います。

ただ、気をつけてほしいのは、バランスシートは万能ではないということ。例えば、「資産」に含まれている家や土地が、記載されている価格で売買できるのかどうかは保証されません。

さらに言えば、バランスシートで把握できるのは、なんとかお金に換算することができているものだけなんですね。奨学金の例では、「現金」を「知的労働力」という資産に無理矢理変換しましたが、本来の企業会計ではこんな項目はありません。

企業会計では、特許権や著作権、漁業権といった形のない「無形固定資産」もバランスシートに組み込まれていますが、はたして世の中において価値を生み出す資産、それらが生み出す価値は完全に網羅できているのでしょうか？

例えば、道路や街並を考えてみましょう。

日本の道路はきれいですし、治安も世界最高レベルです。けれど、これらのメンテナンスに他の国よりも膨大な経費をかけているわけではない。交番が多いとはいっても、町内に1つ交番があるわけではないですよね。これに対して、アメリカは日本よりもずっと犯罪が多く、防犯のための経費もかかってくる。

日本の道路や街並を資産として見た場合、それらは「治安」や「安全」といった、バランスシート上には現れてこない価値を生み出している可能性があります。

人間に関しても、同じことが言えます。

企業のバランスシートや国のＧＤＰは、モノやサービスのやり取りがカウントされているわけですが、ここには労働者に支払われた賃金も含まれてきます。日本の就業労働人口は約６６００万人（経済省統計局２０２０年８月）と全人口の半分ですが、ならば労働者として賃金を受け取っていない人は仕事をしていないのか。子供や高齢者、専業主婦／主夫が仕事をしていないのかといえば、そんなことはけっしてありません。家事だって立派な仕事です。たんにお金に換算されていないから、どれだけの価値を生み出しているのか

バランスシートで表せる仕事は、賃金が発生するもの。
バランスシートには載らない価値もたくさんある

把握されていないだけです。

家事がどれだけの価値があるのかをお金で評価するのは、簡単です。例えば隣近所でお互いの家事をやって、その分のお金を払い合うと考えればいい。そうすれば、日本のGDPも増えることになりますね。見かけ上のお金のやり取りを増やすのは、みんなが思っている以上に簡単です。

よく日本の生産性は低いと言われますが、これもはたして本当か。ものすごく大ざっぱに言えば、生産性とは、「生み出された価値」を「時間」で割ったものです。しかし、現金が動いていないから、価値が価値として認識されていないだけなのではないか。「安心」だったり「快適」だったり、そういう価値もやり取りされているのに、現金で決済されていないからGDPの数値に出てこないだけなのかもしれません。昨今では、「女性の労働力を活用しよう」などと言われるようになりましたが、すでに日本では十分活用されている可能性もなきにしもあらず。

あらゆる物事をいったんお金に換算、バランスシートで考える習慣は、ビジネスはもちろん、人生においても必ず役立ちます。**だからといって、バランスシートですべての価値を把握できていると思い込むのもまた危険なのです。**

自分への投資戦略を考える

物事をバランスシートで考える習慣をつけるようになってくると、世界の仕組みがこれまでよりも鮮明に見えてきます。次章からは、世の中がいったいどういう仕組みで成り立っているのかを分解していきたいと思います。

けれど、その前に1つだけ注意してもらいたいことがあります。

今の世の中は、ほとんどの人がお金の心配をしないで済むようにはなっていません。僕はこんな世の中は間違っていると思っていますし、今よりマシにするためのアイデアを提供しているつもりですが、現実はよりいっそう厳しい状況になっています。

「世の中が間違っているのだから、世の中を変えよう！」

そう言いたくなる気持ちはよくわかりますが、残念ながらこのやり方は一番効率の悪い打ち手です。なぜか。

それは、一番「力」が必要になるからです。

世の中を変えるにはまず莫大な財力がなければなりません。「5000兆円欲しい！」なんてネットミームが流行したことがありましたが、本当に5000兆円持っていたら世の中を変えようとするのもよいでしょう。マイクロソフトの創業者で今は慈善活動家のビル・ゲイツの総資産は、5000兆円にはまったくおよばない、わずか約1000億ドル（約11兆円）にすぎませんが、マラリアを根絶しようとしたり、途上国に水洗トイレを普及させようとしたり、新型コロナウイルスのワクチンを開発したりと、頑張っています。

彼ほどの資産がないのであれば、最初に世の中を変えようとするのではなく、もっと小さな力で動くものから手をつけるべきです。

それは何かと言うと、自分。

自分の考え方を変えるのが、一番エネルギー効率のよいやり方です。考え方を変えて、自分の行動を変えるところまで持っていけるようにする。

そのためには、何に「投資」するのかを選ばなければなりません。

今の僕は投資家でもありますから、人から「どうやって投資すれば儲かるんですか」「どんな銘柄を買えばいいんですか」などと聞かれることがあります。株や不動産などに投資するのは、まずは十分な元手ができてからにしたほうがいい。スってもいい現ナマを最低でも1000万円、できれば3000万円くらい用意できないのであれば、働かずに投資でウハウハなんてことは考えないようにしましょう。

ただし、貯金や積立投資のようなものまで否定するわけではありません。つみたてNISAやiDeCo（個人型確定拠出年金）などであれば、税金の控除もありますし、手数料も安い。こうした制度を活用して、ETF（上場投資信託）を買うのは悪くない。ETFには、日本の日経平均株価や、米国のS&P500、ダウ平均株価といった代表的なインデックスと連動しているものが多く、これらを買うのはインデックスに含まれる複数の企業に分散投資するのと同じことです。

と言いつつ、正直なところ、大企業で構成されているインデックス投信を僕はあまり推したくはないのですが。なぜかと言えば、インデックス投信を買うというのは、現在時価総額が大きい企業の株を買うということ。日本の場合、時価総額が大きい企業には、老害企業が多く、中央銀行である日本銀行自身がETFを買って、これらの企業の株価を買い支えしている。僕としては、老害企業を大きくするのに手を貸したくないのです。

そういう観点から、「ひふみ投信」や「さわかみ投信」などのアンチインデックス投信には頑張ってほしいですね。ひふみやさわかみは、彼らが成長すると見込んだ企業をピックアップし、投資信託を直販しています。こうした独立系ファンドが直販している投資信託は、銀行系の投資信託より手数料が安いことも多いですから。

毎月1万円〜数万円程度を貯金・積立するのはよいですが、持っている現ナマが1000万円以下なら、儲かる株がどれとか、不動産オーナーになって毎月不労所得とか、余計なことは考えないこと。**しょぼい端金しか持っていないのなら、それは全部「自分」にツッコみましょう。**

自分の年収が100万円なり200万円なりアップするよう、資格やスキルを得るために手持ちのお金と時間を使うのが、一番賢い投資術です。親のスネをかじられる環境にあるのなら、ありがたくかじらせてもらい、自分に投資しましょう。その代わり、何もせずに親のスネをかじっているだけだと、最も貴重なリソースである「教育の機会」や「経験」をみすみす逃がすことにもなるので注意してください。

何の資格やスキルに投資するかですが、今の時代、これさえあれば一生安泰などという資格はもはやありません。医師になるための医師免許や、弁護士などになるための法曹資格など国家資格ならまだつぶしは利きますが、ワーキングプアの医師や弁護士も珍しくはない時代です。どんな資格やスキルを取るべきかは、個人が置かれた状況を元に考えていかないといけない。

例えば、業界によっては宅建（宅地建物取引士）の資格を持っていれば、いくらか手当が付く会社だってあります。ちなみに、僕も実家再建のために住宅関連のことを勉強していたので、宅建の試験を受けて合格しました。もっとも、僕は自分の理解度を確かめたかっただけなので、免状のための手数料は払わず、宅地建物取引士の資格は持っていませんが。

「自分には得意なものもないし、取り立ててやりたいこともない。じゃあ、どうすればいいんだ！」

僕自身はその時その時で興味を持ったことを学んできましたが、そういう人間ばかりでないということもわかります。好きなものがある人間は、放っておいても勝手に学んでいくから、周りがとやかく言う必要はありません。そういうタイプでないのであれば、好きなことを無理矢理に探さないほうがいいでしょう。

その代わり、嫌いなことは避けるようにしたほうがいい。

「これからは××だから、○○しなければならない!」という周りの人やメディアを鵜《う》呑《の》みにして、嫌々何かを身につけようとしてもうまくいくはずがない。どんなジャンルについても言えることですが、あることを好きでやっている人間には絶対に敵《かな》いません。本気で何かに熱中している人間は、時間の効率だとか、お金だとか、時には自分の命ですらも気にしませんから。

「××のスキルが必要だ」ではなく、ちょっとでも自分がやりたいことについて、できないことをできるようにしていく。

外食に飽きて、自宅でおいしいものを食べたいと思ったのなら、レシピ本を買って簡単な料理を作ってみたらいい。最初はひどいできでしょうが、「ここを工夫すれば、もう少しマシになるかも?」と思ったのなら、シメたものです。

直接お金には結びつかないかもしれないけれど、自分のやりたいことについて少しでも何かできるようになったり、わかるようになったりしたら、大人でもうれしい。それが自然な学びというものです。

そうやってできること、わかることが増えていくと、新しいことを学ぶことが習慣になり、さらにできることも増えていく。それが結果としてお金に結びつくこともありますが、結びつかなくてもそうやって学びを楽しめる人は、貯金はなくてもその場その場で工夫して、何とか生活を回していけたりもする。

大きなタンクいっぱいにいつも水が入っていないと不安な人より、いつでもその辺に井戸を掘って水を汲める人のほうが、強いですからね。

子どものいる家庭だと、「これからは自分で稼げるようにならないといけない」と、さまざまな習いごとをさせたり、投資の勉強をさせたりすることもあるようです。僕の場合は、そういったことは全然していません。

僕の子どもたちは家族ではあっても、僕とは別の人間、別の存在です。

この資本主義社会において、「別」とはどういうことかと言えば、それは財布が別であるということ。

だから、子どもたちが自分名義の銀行口座を作れるようになったら、小遣いは全部そこに振り込むようにしました。その範囲内で渡したお金を子どもたちがどう使おうが、僕の関知するところではありません。手持ちのお金以上でどうしても必要なものがあれば、請求書を持ってこさせ、僕が妥当だと思えば払うようにしています。

PART 2

会社はいったい誰のモノ？

バランスシートを通して見れば、
会社が誰のモノかは一目瞭然。
会社という仕組みを動かす従業員は、結局のところ、
お駄賃をもらって自分を安売りする「奴隷」に通じています。

会社とは利益を生み出すための「仕組み」

今の世の中では、社会を動かすために会社という存在が欠かせません。たくさんの人間が働いて、いろんなモノやサービスを提供するからこそ、私たちの生活が成り立っています。

では、この「会社」とはいったい誰のものなのでしょうか。

会計的に言えば、答えは極めてシンプル。**「株主のもの」ということになります。**

会社勤めをしている人からすれば納得いかないかもしれませんが、先の章で説明したバランスシートを見れば、その理由がよくわかります。

もうお馴染みになったでしょうが、左側は資産、右上は負債、右下は資本です。

会社であれば、資本とは株主資本のことです。企業を立ち上げる際に、株主が出した資本金や利益剰余金などが含まれます。株を買うというのは、株主としての権利、つまり会社を所有する権利を(出資分に応じて)買うということでもあります。

負債というのは、銀行など他から借りてきた借金ですね。

会社というのは、株主資本と負債を合わせたお金を、商品や機械設備や土地、証券などさまざまな資産に変え、その活動によって利益を生み出すための仕組みなのです。

事業活動によって生まれた利益は、利益剰余金として資本に組み込まれ、さらなる生産のための投資に使われたり、株主への配当、借金の返済に使われることになります。

会社という仕組みの運用を株主から任されているのが、経営者です。どういうふうに資産を使って利益を上げるか。その舵《かじ》取りを担っていますが、株主が経営者を兼ねている、オーナー経営者の場合もあります。

バランスシートの資産の部には、流動資産として現金、預金、受取手形、売掛金、商品、固定資産には建物、機械装置、土地、借地権などが含まれています。

不思議に思われるかもしれませんが、従業員という言葉はバランスシートのどこを探しても出てきません。ちなみに、従業員と社員は同じ意味で使われることが一般的ですが、**会社法において社員とは株主のことを指します。法的に「社」の一員であるのは、株主なんですね。**

経営を任された社長などの経営陣は取締役です（取締役と会計参与、監査なども含めて役員）。役員が会社運営の意思決定を行い、従業員に働いてもらうのです。

会社を所有している株主からすれば、従業員とは外様にすぎません。賃金という費用を支払って労働してもらっている、「会社の外にいる人」なのです。

株主、経営者、従業員のうち、会社として取り替えが利かないのは株主です。株主の決定によって経営者は入れ替わりますし、従業員を雇うのかどうかを決めるのは経営者ですから。

ニュースなどで「会社は、積み上がった内部留保を従業員に分配しろ」という意見を聞いたことがある人もいるでしょう。会社が得た利益から役員報酬や株主への配当を支払ったあとに残ったのが利益剰余金であり、そうして積み上がったお金が内部留保と呼ばれます（内部留保は会計用語ではありません）。会社が溜め込んだお金なのだから、「従業員に

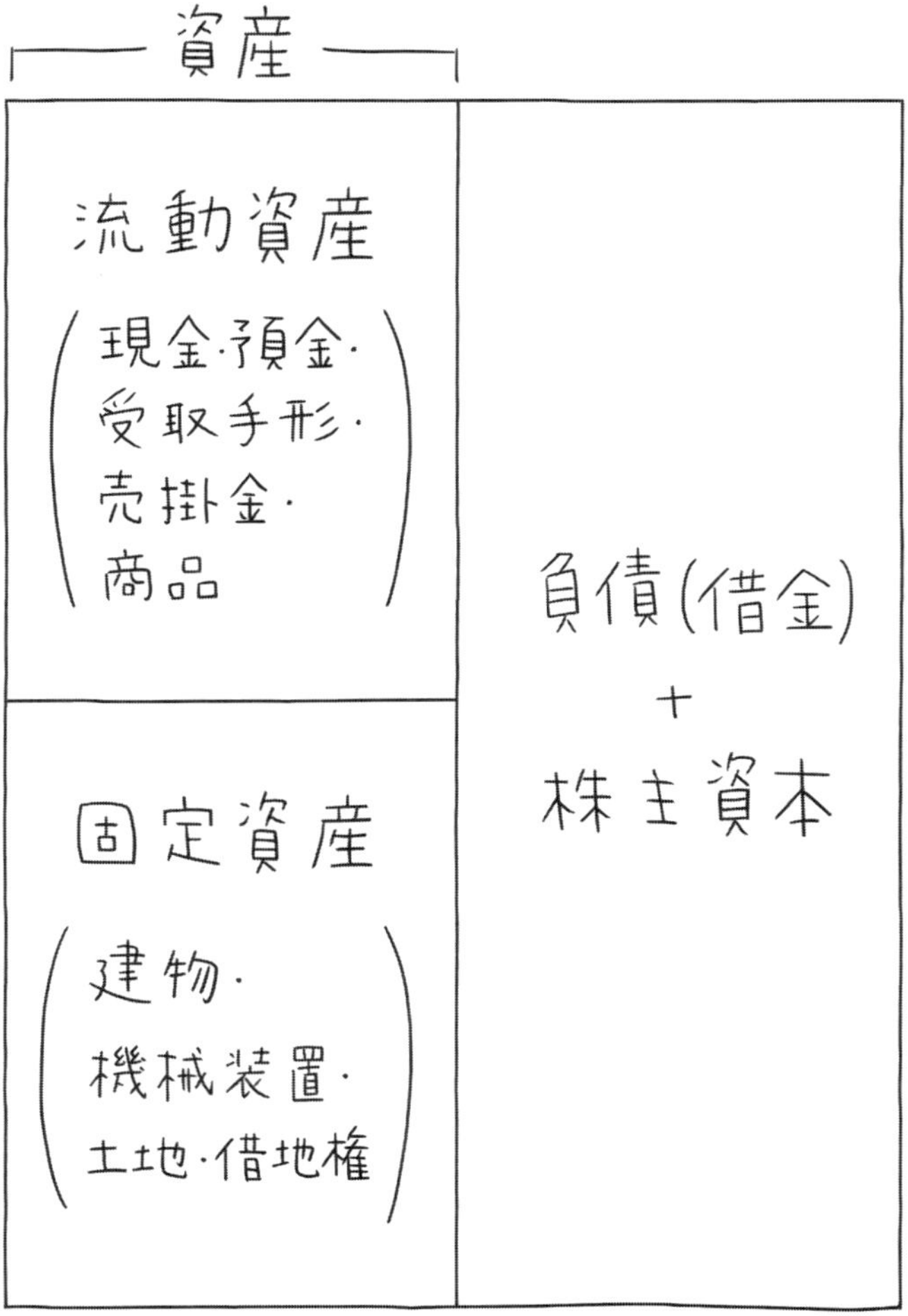
資産
流動資産
(現金・預金・受取手形・売掛金・商品)
固定資産
(建物・機械装置・土地・借地権)
負債(借金)
+
株主資本

もよこせ！」と言いたくなる気持ちはわかりますが、バランスシートを見れば、その意見には無理があります。

なぜかと言えば、俗に内部留保と言われる利益剰余金は、株主のものだから。内部留保が積み上がっているのだから、株主に対してそれを吐き出せというのであれば、法的にも正しい。しかし、会社の経営者に対して、株主の持ち物である利益剰余金を外様の労働者に配れと命じることは法的にもできません。

もっとも、経営者の判断で労働者の賃金をアップすることは（株主が認める範囲で）ありえるでしょう。労働者を低賃金で使い倒している会社は短期的には利益を上げられても、そのうち不買運動などの社会的制裁を受けるかもしれませんから、賃金を上げたほうが長期的な利益につながることはありますし、実際にそうした例もあります。

内部留保の問題で世界的に注目を集めたのが、弁護士で社会運動家のラルフ・ネーダー氏のアップルに対する公開書簡です*3。

毎年何百億ドルもの純利益を上げているアップルのバランスシートは現金の割合が高く、財務的に間違いなく世界トップ。

2018年、アップルは1000億ドルの現金で自社株買いを行うと発表しました。自社の株を時価で買い戻しその株を消却すると、市場に流通する株の数が減りますから、1

株当たりの利益や価値は増えることになります。一般的に会社の自社株買いは、株主にとって嬉しいことであり、企業経営の観点から見ればアップルはとても優等生だと言えます。ラルフ・ネーダー氏の主張は、「1000億ドルの2％以下で、iPhoneを組み立てている35万名のFoxconn（ファクソコン：ホンハイ精密工業）従業員に丸1年分のボーナスを払うことができるだろう」というものでした。言いたいことはわからないではないけど、これはちょっと筋が違う。

というのも、ホンハイはアップルからiPhoneの組み立てを受託している、別の会社だからです。ホンハイの従業員に給料を払う立場にあるのはあくまでホンハイであって、アップルではありません。

その上、市場原理も働きます。仮にホンハイが「こんな取引条件ではiPhoneの組み立てなんかやっていられない」とアップルに文句を言って、契約が見直されたとしましょう。そうなるとホンハイの経営陣が（ホンハイの）従業員の給料を上げることは可能です。

しかし、別のEMS（Electronics Manufacturing Service：電気機器受託生産サービス）が「うちはもっと安くやりますよ」とアップルに持ちかけてきたらどうか？　営利企業である以上、アップルはその申し出を断ることができません。もし別のEMSの品質がホンハイと同等以上だったら、ホンハイと取引することは利益を最大化することにならない。「どうして同じ品質なのに、高いお金を払うんだ！」と株主から文句を言われてしまいます。

なぜホンハイがアップルから大量の受注を得ているかと言えば、十分な品質の組み立て作業を一番安くやってくれるから。けれど、今や品質の高いＥＭＳは、ホンハイ以外にもたくさんある。そう考えると、政府から会社に圧力をかけて賃金を上げさせるのは、いろいろと無理があることがわかります。

トレーディングも経営も人工知能の仕事に？

会社という仕組みを所有しているのは株主であり、その仕組みが生み出す富を得る権利を持っているのも株主です。従業員は会社という仕組みを動かすお手伝いをしてお駄賃をもらえるだけで、分け前はもらえません。**法律の観点からすれば、従業員は、什器《じゅうき》と同じ「消耗品」です**（ある程度以上値の張る什器や、機械設備は固定資産として扱われますが）。

こう説明されると不愉快に感じる人もいるでしょうが、これは事実なのだからあきらめてもらうしかありません。

人工知能やロボットの進化によって人間の仕事がなくなる可能性が指摘されていますが、その動きは確実に進んでいます。

「ＭＩＴテクノロジーレビュー」に掲載されていた記事によると、２０００年の段階で投資銀行ゴールドマン・サックスのニューヨーク本社は６００人のトレーダーを雇い、株取引を行っていたそうです。２０１７年になると本社に残った人間のトレーダーは２人だけ。数百人のトレーダーは人工知能プログラムに置き換えられ、プログラムが株取引を行っているのです。人工知能プログラムを開発するために高給取りのコンピュータエンジニアが雇われているとはいえ、雇われている人間はずっと少なくなっている。

「６００人から２人」と聞いて衝撃を受けた人もいるようですが、僕は２人残るのは半端だなと思ってしまいました。トレーダーではなく、人工知能プログラムを使役する「ＡＩマネージャー」という役職を２人残したというなら納得できますが。

このゴールドマン・サックスの例は、会社の本質を非常によく表しています。資本と負債を何らかの方法で活用して利益を生み出す。そして生み出された利益は、持ち株の比率に応じて株主に配分されます。

現在は、議決権がない代わりに優先的に利益を配分される優先株や、社債（会社が投資家から資金を調達するために発行する証券で、会計上は負債）だけれど株式に近い性質を持った劣後債など、さまざまな利益配分の形がありますからややこしくはなっていますが、持ち株に応じて利益が配分されるという大きな仕組みは変わっていません。

会社の所有者である株主さえいれば、利益を生み出す仕組みは機械だろうが人間だろうが何だっていいのです。経営者ですら、必ずしも人間である必要はなくなるかもしれない。今のところ、会社法では、会社には代表取締役を置かなければならないとなっているので人間は必要ですが。あまりにも当たり前すぎるからなんでしょうが、会社法にすら「代表取締役は（法人や機械ではなく、生きている）自然人でなければならない」とまでは明記していません。

会社を所有する株主と、代表取締役、あとは資産を運用して利益を生み出す仕組みさえあれば会社は成立するのです。

従業員ではなく、株主になるべき

会社は株主のものである。

会社法などの法律にも明記されていることですし、これを支持する判例が日本でもアメリカでもヨーロッパでも積み重なっています。

では、株主ではない労働者はお駄賃をもらうだけなのか。簡単な話で、自分も株主になればいいのです。労働者だったら株主になれないという決まりはありません。どこかの会社の株を1つでも買えばそれで株主になれますし、会社によっては持ち株会があるところもある。

株主になるといろんなメリットがありますが、一番大きいのは「不労所得」を真面目に考えるようになることでしょう。

会社の株主はいったい何をしているのか? 利益を上げられそうな人に経営を任せて(オーナー経営者は自分で経営しますが)、利益を受け取るだけです。会社という仕組みがうまく動いている限り、自分は働く必要がない。

だからといって、株主が何も考えなくていいということではありません。できの悪いヤツに会社経営を任せていたら、本来得られたはずの利益が得られないこともあるし、酷《ひど》い時には大損を被ってしまうこともありえます。

ただし株主になるのがよいと言っても、手元にある資金が数十万円程度なら、無理に株式投資を始める必要はありません。

先に述べたように、その段階でまず投資すべきは「自分」。本を読んだり、興味・関心のあることを学ぶなりして、自分の価値を高めるのが先決です。

残業は「偉い人」の特権

日本の会社では、長時間労働を始め、ブラックな働き方が横行しています。

上司から残業を命じられると、仕方なく受ける。上司や同僚が帰らないのに、自分だけ帰るのはまずいと思ってずっと会社にいたりする。

残業を断ると会社をクビになると恐れている人も多いでしょうが、日本の法律ではそうそう簡単には（少なくとも正社員は）クビにできないようになっています。少なくとも法的にはそうなっていますし、判例もたくさん出ています。不当な解雇だと訴えて、解雇処分を取り消された例も多いですから、勝てる公算は大きい。

従業員が残業を断ったことで、会社から不当な扱いを受けたのであれば、徹底的にごねる、居座る、仕事をしているフリをしてスクワットする。従業員として当然の権利を行使しているだけだと言い張ればいいんです。

海外のニュースを見ていると、賃金引き上げのデモが頻繁に起こって、労働者側がなかなか図々《ずうずう》しい要求をしていたりする。日本人的なマインドからすると抵抗があるかもしれませんが、日本の場合は労働者ではなく、雇用する側が図太い要求をしているだけです。コンビニのバイトを休むのであれば、代わりのバイトを連れてこい、そうでなかったらバイト代を引くといった事件もありましたね。

これは、みなさんが経営者を甘やかしてつけあがらせているんです。

日本で起こっている企業不祥事の原因をたどっていくと、結局はそこに行き着きます。

会社をうまく運営して利益を出すのは経営者の仕事です。適切に人材を配置して、必要に応じてトレーニングしたり、どういう事業を行うかを考えるのも経営者の責任。人手不足だからと言って、お駄賃しかもらっていない労働者がマネジメントのことなど考える必要はありません。

グローバル企業の経営陣は朝4時に起きて働いているから、真似しようなどという人がいますが、とんでもない。でかい会社の偉い人は、月に数億円だとか、ストックオプションだとか、巨額の報酬をもらっているのですから。ストックオプションというのは、あらかじめ決められた価格で自社株を購入する権利のこと。つまり、会社の株価が将来値上がりしたら、大儲けできることになる。お駄賃ではなく、分け前をたっぷりもらえるのですから、午前4時前に起きて働くのも当然です。

かつて僕はオン・ザ・エッヂという会社でCTO（最高技術責任者）をしていました。部下にはソフトウェアエンジニアがいるわけですが、こういう人種は没頭するとついつい働きすぎてしまう。でも、お駄賃しかもらえない労働者が、長時間労働をするなんてバカげている。僕は常々、「残業したかったら、俺程度には偉くなれ」というのを口癖にしていました。

ただの労働者が超過勤務なんて、「10年早い」のです。

給料が増えても、奴隷は奴隷

日本の労働者の賃金は、何十年も横ばいのままです。しかし、そこで「どうしたら給料が増えますか」と問うのは間違っています。

給料を上げなくてはいけないと思っている時点で、あなたは負けている。これはもうハッキリ言います。

「給料を上げて」と言うのは、「どうやったら、ただの二等奴隷から奴隷軍曹や奴隷将校になれますか？」と聞いているようなものです。奴隷軍曹だろうが奴隷将校だろうが、待遇に多少の違いがあるだけで奴隷であることに変わりありません。

ちなみに、かつてのオスマン帝国は奴隷を活用することで、強大になりました。オスマン帝国の君主スルタンの配下には、パシャという大臣や将軍がたくさんいたのですが、立場上彼らは奴隷だったのです。まさに、奴隷将軍ですね。王様以外はみんな奴隷だから、能力さえあれば異教徒も将軍として重用される。この仕組みが、オスマン帝国が強かった理由の1つとも言われています。

労働者を奴隷と表現することに、抵抗を感じるかもしれません。

「奴隷と言われてもそこから簡単に抜け出せないから困っている!」、そう反論したくなる人もいるでしょう。

でも、僕から見ると、奴隷状態から本気で抜け出したい人は案外少ないですね。慣れれば、奴隷というのはけっこう快適な状態でもあります。

僕は寝たい時に寝て、起きたい時に起きる、やりたいことをやりたい時にやるという生活を長年続けてきました。決まった日課なんてものはほとんどありません。ところが、ポケモンGOにハマってから、考えが変わりました。ポケモンGOである程度のレベルに達すると、だいたいやることが決まってきます。ポケストップをこの順番で回って、卵からポケモンを孵化《ふか》させて進化させ……と何となく、ルーチンができてきました。

日課があるのは楽なんです。いつ何をするかいちいち考えなくてもいい。指示されたミッションをルーチンでこなしていくのは、けっこう快適だと今さらながらに気づきました。お駄賃しかもらえなかったとしても、日課があるのであればそちらのほうがいいという人もいる、というかそちらのほうが多いかもしれません。

日本では、国民の自由が保障されています。みなさんには、自分を安売りする自由もある。給料が安いという人は、その自由を行使しているだけなのです。

ブラック企業という存在は、「こいつらを奴隷のように使ってやろう」と舌なめずりしているブラック経営者だけで成り立っているわけではありません。使われることをいとわない、奴隷労働のほうがおいしいと考える「ブラック労働者」がいるから成立しています。

ブラック労働者は、経営者に鼻薬を嗅がされるとすぐ裏切ってしまいます。これは別に、労働争議のためのストライキに乗っからないとか、そういう大げさな話だけではないですよ。

上司から「手当を5割増しで出すから、休日出勤して!」と頼まれて、渋々「はい」と言ってしまう人は、十分ブラック労働者の資質があります。

ただし、奴隷のようなブラック労働者が生まれるのは、個人の責任ばかりとは言えません。

そもそも論で言えば、人間が生きていくためには、「奴隷」が絶対に不可欠です。悲しいかな、これは真実です。

例えば、世界で初めて民主制を実現した古代ギリシアのアテネ。市民の直接投票によって法律が決められたわけですが、あくまで投票できるのは、大人の男性市民に限られていました。

そしてここが重要なところですが、古代ギリシア市民の生活は奴隷によって支えられていたんですね。戦争の捕虜、外国からの移入、借金を返せなくなった人等々が奴隷として売られ、市民の家や鉱山などで働かされていました。奴隷になった人も外見は市民と変わらない。誰がポリス市民かヘイロタイ（スパルタに征服されて奴隷身分になったギリシアの先住民）かなんて、背格好を見ても区別できません。

アメリカ合衆国の独立宣言では、「われわれは、以下の事実を自明のことと信じる。すなわち、すべての人間は生まれながらにして平等であり、その創造主によって、生命、自由、および幸福の追求を含む不可侵の権利を与えられているということ」と高らかに謳っています。*4

しかし、1776年にこの独立宣言が執筆された時、はたして「人間」に奴隷や先住民は含まれていたのでしょうか？

1861年から1865年にかけて、アメリカ合衆国では南北戦争が起こります。当時のアメリカの産業構造を見てみると、北部は工業の割合が多かったのですが、南部は綿花栽培などの農業中心。黒人奴隷がいないと経済は回りませんでした。北軍を指揮するエイブラハム・リンカーン大統領は奴隷解放宣言を出したことで歴史に名を残しましたが、その背景には産業構造の違いがあったのです。

では、南部を中心とした奴隷州の人たちが、奴隷に対してひどい扱いをしていたかといえば、必ずしもそうとは限りません。人間ではない家畜と同じだったからこそ、大事にしていた面もあるわけです。

ここまで「奴隷」という言葉を使ってきましたが、奴隷は人間とは限りません。人間に使役されて労働するのが奴隷ならば、畑を耕すのに使われたり、乳や肉を取られたりする家畜もまた奴隷です。

そういう観点からすれば、奴隷は動物とも限らないことになります。

例えば、植物。植物は太陽光を利用して、大気中の二酸化炭素と水を反応させデンプンなどの栄養素を作り出します。植物はデンプンなどの形でエネルギーを蓄積し、生命維持や成長、生殖に利用するわけです。人間の農業は、植物から栄養素を搾取していると言えます。

空気や水、太陽光といったリソースを、植物という仕組みが栄養素という別の価値に変換している。

同様に、家畜は植物や空気、水といったリソースを、農地を耕す運動エネルギーや乳など人間にとって価値あるものに変換している。

奴隷は、食べ物と水その他を元に……以下同。

人間が生存するためには「奴隷」が不可欠だと述べましたが、「強者が弱者から搾取するのは正義！」などと言いたいわけではありません。

だって奴隷は人間でなくてもいいんですから。

南北戦争において、北部が奴隷解放宣言を打ち出すことが形だけでもできたのは、北部で工業化が進んでいたからです。工業とは何かと言えば、原材料、リソースを加工して何らかの価値を持った商品を作り出すことを指します。


ここで注目してほしいのは「機械」です。

水や風の流れを変換する水車や風車は昔から使われてきましたし、18世紀には蒸気機関も発明されました。蒸気機関は、石炭などの燃料を燃やして生じる熱で水を沸騰させます。液体の水から気体の水蒸気に変わると、体積が膨れあがり、それによってピストンやシリンダーが動く。熱を運動エネルギーに変換し、車輪を回したり機《はた》で布を織ったりといった仕事をさせるのが、蒸気機関です。

仕事をしているのは、蒸気機関という仕組みそのものであって、人間は仕組みが調子よく動くようにメンテナンスしているだけ。リソースやエネルギーを別の価値に転換するのに必要なのは、奴隷という仕組みであって、人間である必要はありません。

機械が登場したことで、人間が人間を奴隷にしなくてもよくなったのです。17世紀以降、ヨーロッパを中心に人権思想が広がっていきますが、この背景には機械化があります。

みなさんは、小説『家畜人ヤプー』（沼正三作）を読んだことがありますか？　同書でまず衝撃的なのが「肉便器」ではないかと思います。同書の描く未来世界では、旧日本人（ヤプー）は家畜として飼育されており、中には糞便を処理する肉便器になっているものもいる。

でも今の世の中で私たちは（特殊な性的嗜好を持った人を除いて）肉便器を使う必要などありません。人間を便器に改造しなくても、もっと快適で便利なウォシュレットがありますから。

油断するとすぐに「奴隷制」が顔を出す

工業化の進んだ今の世界では、奴隷制は建前としては廃止されています。けれど、油断するとすぐ奴隷制が顔を覗《のぞ》かせてきます。

日本に技能実習生としてやって来たベトナム人が有給休暇を申請したら、いきなり強制帰国させられた。雇い止めにされるのが怖くて、残業を断れない、給料を上げてと言えない……。

確かに今の世の中では、労働者を人身売買することは許されませんが、雇用主、資本を所有している側は、被雇用者よりも圧倒的に強い立場にあります。そして、人間の奴隷のほうが機械よりも安くつくのであれば、前者を選ぶのは雇用主として極めて合理的な判断です。

安易にクビを切られるという、すごく弱い立場に置かれて、雇用主の言い値で働か

されているのなら、結局のところ奴隷です。雇用主は、わざわざ「お前は奴隷だよ」なんて奴隷に言う必要はありません。「お前が生活するのはこの範囲だ」「お前のお駄賃はこれが相場」と奴隷に信じこませてやればいい。

あなたは、奴隷になってはいないでしょうか？

さらに言うならば、奴隷制は、会社と従業員の間だけでなく、さまざまな組織と個人、組織と組織、個人と個人の間にも存在します。元請けと下請けの会社では、元請けのほうが圧倒的に立場が強い。資本力の大きい元請けは、不利な条件を下請けに押しつけやすくなります。

例えば、「在庫ゼロ」を誇る会社がありますが、はたしてそれがフェアかどうかはきちんと疑ったほうがいいでしょう。

元請けの倉庫には在庫がゼロかもしれませんが、下請けの倉庫には在庫がぎっしり詰まっていたり、元請けの前には部品をぎっしり積んだトラックが列をなしていたりすることもあります。この場合は、たんに在庫コストを立場の弱い下請けに押しつけただけの「経済ハラスメント」を行っているだけということになりますから。

あなたは、奴隷になってはいないでしょうか？「会社の外にいる人」なのに、進んで働きすぎてはいませんか？　立場の強い組織に振り回されるような仕事で、消耗したりしていませんか？

会社は、あなたがいなくても回る。

お金と仕事と働き方を考えるために、ぜひ念頭に置いておいてください。

PART 3

儲からない会社はつぶそう

儲からない会社が存続することは美談でも何でもなく、

そのツケを払うのは、

低賃金で使いつぶされる労働者です。

問題は「人」がきちんと守られる社会にすることです。

非効率な会社がつぶれるのはよいこと

先の章では、会社は株主のものであることを説明しました。株主がお金（資本）を出し合い、経営者に経営を任せる。経営者はモノやサービスを生産して販売したり、その他の事業を行って利益を出そうとし、利益が出たら株主に配分する。こういう仕組みを動かすために、機械を買ったり、人を雇ったりするわけです。会社という存在は、これ以上でもこれ以下でもありません。

利益を出せない会社、うまく回らない仕組みはさっさとつぶしたほうがいい。

良い例が、世界でも特に新陳代謝の激しい米国のＩＴ業界でしょう。

１９５０年代に創業されたＤＥＣは、ミニコンピュータ（それ以前の大型コンピュータに比べて「ミニ」というだけで、今の基準からすると十分に大型ですが）で一世を風靡《ふうび》しました。1980年代の終盤には、IBMに次ぐ、世界第2位のコンピュータ企業だったほどです。しかし、コンピュータのトレンドがミニコンから、個人で使うパソコンへと移っていくとDECの業績は低下。1998年には、低価格のパソコンでのし上がってきたコンパックに買収されました。さらに2002年には、コンパックもヒューレット・パッカードに吸収合併されています。

僕がアメリカの大学でコンピュータサイエンスを学んでいた1990年代初め、最先端のコンピュータといえばサン・マイクロシステムズのワークステーションでした。インターネット時代をいち早く見通してUNIXと呼ばれるOSの分野で一人勝ち、SPARCという独自CPUも開発……という具合に圧倒的な勝者だったのですが、いつまでも勝者ではいられませんでした。パソコン用CPUの性能が向上し、UNIX互換のオープンソースOS、Linuxが普及するにつれ、サン・マイクロシステムズの業績も悪化。2010年にサン・マイクロシステムズはオラクルに買収され、消滅してしまいました。

DECがなくなり、サン・マイクロシステムズすらなくなりましたが、では、これらの会社がなくなって困った人たちはいるのでしょうか？

顧客はまったく困っていません。DECやサン・マイクロシステムズよりも安いあるいは高性能の製品に乗り換えたわけですから（というより、顧客が乗り換えたから、DECやサン・マイクロシステムズがつぶれたのですが）。

これらの会社で働いていた人たちは、別の会社に移ったり、自分で会社を興したりしました。経営陣はちょっと困ったでしょうが、会社経営のプロフェッショナルならすぐに別の会社で働けます。

本当に困ったのは、株主くらいのものでしょう。会社がつぶれるというのは、別に悪いことではありません。

２０１６年に大手広告代理店の電通に勤めていた女性が過労自殺し、大きなニュースになりました。ブラック労働を強いるような会社はきちんと労働基準法違反で訴えるべき、その結果電通がつぶれてもしょうがないという意見の一方、「電通がつぶれたら大変なことになる！」「日本のテレビ業界や広告業界はビジネスが回らなくなる！」と反論する人もいました。

はっきり言ってしまえば、電通がなくなっても（株主以外は）誰も困りはしません。電通が扱っていた広告枠は、テレビ局などの会社が直接売ってもいいわけです。ネット広告が登場したことで、広告を売買するコストも大幅に下がっているわけですし。

「死に損ない企業」がゾンビのごとく延命されているというのは、かなり深刻な問題

です。

日本には、つぶれていなければいけない会社がいっぱいあります。

日本の大企業がつぶれそうになると、すぐに「救済しろ！」という声が上がります。しかし、儲からない会社をそのままにしておくと、労働者が低賃金、長時間労働で使い倒されることになる。会社という仕組みがなくなっても実際に人が死ぬわけではないけど、儲からない会社を放っておくと、会社に搾取されて過労死してしまう人が出てしまう。

会社が死ぬのと、人が死ぬのとどちらがよいかといえば、前者のほうがずっといいことでしょう。

2008年9月、アメリカの投資会社リーマン・ブラザーズの経営破綻から、世界的な金融危機「リーマンショック」が起こりました。その直後、2009年に発足したオバマ政権は経済政策がしっかりしており、リーマンショックの痛手からも見事に立ち直りました。

ただ僕が見るところ、明らかにやるべきではなかった政策が1つあります。それは、ビッグスリーの救済。リーマンショックの影響で経営危機に見舞われた、ゼネラルモーターズ、フォードモーター、クライスラーという三大自動車メーカーを救済してしまったんですね。アメリカでは、会社の新陳代謝が盛んで、スタートアップ企業が大企業をひっくり返すようなことが頻繁に起こります。リーマンショックが起こる前に、電気自動車（EV）のテスラが登場して、未来の自動車産業を作るかもしれないと注目を集めていたわけですから。新陳代謝こそがアメリカの強みなんですが、ビッグスリーの救済はそこに水を差してしまった。ビッグスリーを救済しなければ、電気自動車を始めとする新しい自動車産業がもっと早くに伸びていたかもしれません。

いずれにせよ、「会社をつぶして中の人をつぶさない」というのが正しいあり方です。

なのに、日本はいつも真逆のことをしているじゃないですか。会社をつぶさないために中の人をつぶしているわけでしょ？

スティーブ・ジョブズだって自分の会社から追い出された

中の人をつぶして会社を守るのは、労働者の権利を侵害していることになりますが、さらに日本は株主の権利も侵害しています。本来、会社は株主のものですが、日本では株主がずっとコケにされてきている。

その一方で、日本は経営者にとても甘い国でもあります。

こう言うときっと、日本企業の経営陣は反論したくなるでしょう。

確かに、日本企業の役員報酬は先進国レベルではだいぶ見劣りします。日産ゴーン元会長の報酬は年20億円になっていたという報道がありましたが、それが本当だとしても世界的に見れば大したことはありません。日米欧主要企業CEOがもらっている報酬の中央値は、日本の2億円に対して、米国は約12億円と6倍。[*5] 上場企業なのに、役員平均年収が400万円に満たないというケースもあります。

日本企業の役員報酬は安いですし、今も欧米のレベルに追いついているとは言えませんが、その分もっと好き勝手に緩くやっていられました。日本の経営者は、ほとんど国から監視されていなかったのです。

欧米では経営者が好き勝手やることは許されません。取締役会に属する役員たちは、会社に損失を与えるようなことをして株価を下げようものなら、株主からすぐに訴訟を起こされてしまいますから必死です。

例えばアップル。マウスによるユーザーインターフェースを採用したＭａｃ、膨大な音楽ライブラリを丸ごと持ち運べるようにしたｉＰｏｄ、そしてｉＰｈｏｎｅといった革新的な製品を世に送り出してきました。創業者のスティーブ・ジョブズは世界を変えたカリスマ経営者と言われることもありますが、彼は一度自分の作った会社から追い出されています。

アップル社内で進んでいたＭａｃ（当時はマッキントッシュ）のプロジェクトの主導権を握ったジョブズは、製品の細部まで徹底的にこだわりました。１９８４年には大々的にＭａｃを発表し、派手なコマーシャルを打って世間の目を引きましたが、当初のＭａｃは大して売れたわけではありません。それどころか、Ｍａｃが売れなかったせいでそれまで順調だったアップルは初めての赤字を計上、従業員の5分の1をレイオフ（解雇）する羽目になってしまいました。

当時のCEOだったジョン・スカリー（彼はジョブズがスカウトしてきたのですが）はジョブズに退任を要求し、取締役もこれを承認し、1985年にはジョブズはアップルから追い出されました。その後、1996年にジョブズの所有していたNeXT社をアップルが買収したことで、ジョブズはアップルに復帰して、iMacやiPod、iTunes、iPhoneといった製品・サービスを立て続けに成功させることになるわけですが。

有名な創業者だろうが何だろうが、株価に悪影響があると判断されたら、スパーンと経営者のクビは飛ぶのが当たり前だし、飛ばされないといけない。

上場している株式会社の株は、市場で誰でも買うことができます。だからこそ、バランスシートを始めとして会社の資産状況や経営状況はきちんと公開されるよう法律によって定められているし、取締役は会社経営についての責任が課せられている。

欧米でも不正をする経営陣はいますが、それに関するペナルティは相当重く、たいていの場合厳格に運用されています。

例えば、2018年8月、テスラCEOイーロン・マスクの「1株当たり420ドルでテスラを非上場化することを検討している。資金は確保した」というツイートは、大騒動を巻き起こしました。ＳＥＣ（米証券取引委員会）は詐欺の疑いがあるとしてイーロン・マスクを連邦裁判所に提訴しましたが、これは別にＳＥＣが嫌がらせをしたというわけではない。いい加減な情報によって株主（投資家）が損をしないようにするのがＳＥＣの役割だからです。

翻って日本ではどうか？

取締役の役員を監視する法律は日本にもありますが、それがちゃんと施行されているとはとても言えません。

東芝が、まさにその実例ですね。

東芝は、経営不振によって株価下落、さらには株主から訴えられることを恐れて、粉飾決算に手を染めました。決算関係の書類をごまかして、実際よりも利益が出ているように見せかけたのです（このようにバランスシートは嘘つきの道具として使われてしまうこともあります）。

東芝が粉飾決算を長年にわたって続けてこられたのは、法律がきちんと適用されていなかったから。不正な情報によって株主は騙され、損害を被ってしまった。

日本企業については、ブラック労働で労働者の権利が侵害されていることが話題になりますが、それと同等以上に株主の権利もないがしろにされてきたと言えるでしょう。

株主が増えるほど、経営陣は株主の声をシカトしやすくなる

株主と経営陣の関係について少し補足しておくと、会社の規模が大きくなるほど経営陣は好き勝手しやすくなるというパラドックスがあります。

まだ小さなスタートアップ企業は、株式を上場（誰でも株式を売買できるように市場に公開すること）していませんから、一見すると経営者はやりたい放題できると思われるかもしれません。しかし、資金を大口の投資家から調達しているとそうはいきません。出資してくれているベンチャーキャピタルや、それこそ自分の親戚の意向を無視することはできないわけです。

一方、株式を上場すると、みんなが株を買えるようになってくる。株主の数が増えるにつれ1株当たりの発言力は低下しますし、株主も「言ってもしょうがないな」といちいち発言しなくなっていく。

欧米の場合だと、会社に噛みついて経営効率を上げさせたり、配当を増やさせたりする「物言う株主」の存在は当たり前ですが、日本はまだ少ない。村上ファンドを立ち上げた村上世彰《よしあき》氏は物言う株主として話題になりましたが、その後インサイダー取引で逮捕されたこともあり、世間の風当たりはかなり冷たくなりました。

日本銀行は、金融緩和政策の一環として上場投資信託（ＥＴＦ）の買い入れを積極的に進めており、２０１８年12月の段階で保有残高は約23兆円。*6 ２０１８年６月の日本経済新聞の記事によれば、*7 ２０１８年３月末時点で上場企業の約４割について、日銀が上位10位以内の「大株主」になったそうです。

政府が日銀を通じて企業を支配しようとしていると疑う人もいるようですが、これは株主の声が経営者に届きづらくなったことの表れかもしれません。ＥＴＦなどの金融商品を日銀が買っても、日銀は株式を間接的に保有しているだけで、経営者にどうこうしろと口を出せるわけではありませんから。

積極的に経営に口を出そうという「物言う株主」が少ないからこそ、ＥＴＦを介して日銀が簡単に株式を買い集めるようになっていられる、と見たほうがよさそうです。

リーダーがダメなら、下がいくら頑張ってもムダ

日本企業は、プロフェッショナルの優秀な経営者が少ないから、経営が効率化されず利益を上げられないという意見があります。

確かに、労働者と経営者は違う生き物と言っていい。

現場の優秀なスタッフが、スタッフを取りまとめる主任になれるとは限らないし、優秀な主任が優秀な課長や部長になれるとも限らない。優秀な部長が専務に、さらには優秀な社長になれるとは限りません。現場で手を動かすのとマネジメントは、機能的にも責任もまったく違う仕事なのです。

これはどちらの仕事が偉いということではなく、ただ違うというだけの話。生物で言えば、手足と神経細胞のどちらが偉いかを問うているようなものです。

ただ、プロフェッショナル経営者がよいと一概には言えません。企業を上手にマネジメ

ントできる人材の需要は高いわけですが、それによってプロ経営者同士が一種の見えないカルテルを結んで、報酬をつり上げているという見方もできます。欧米企業のCEOの報酬は高騰し続けており、SnapのCEOエヴァン・シュピーゲル氏は2017年に5・04億ドルを得ています。

一口にプロ経営者といっても、やらずぼったくりの人も少なくないですしね。大きなコンサルティングファーム出身の経営コンサルタントは経営のアドバイスはできるけど、自身がうまく会社経営できるとは限りません。

1つ確実に言えることは、**日本企業において労働者が搾取され続けている理由の1つは、労働者が自分たちでリーダーを選んでこなかった、あるいは育ててこなかったから。**

「日本企業の社長は、サラリーマンの出世競争のゴールじゃないの？」

そう思われた人もいるでしょう。日本企業の社長は、他から呼んできたプロフェッショナル経営者ではなく、プロパー、つまりずっとその会社にいた生え抜きの人が多いですからね。でも、問題はそういうことではないんです。

いきなり話が飛びますが、ミツバチには女王バチと働きバチ（とオス）がいることをご存じですよね。女王バチは雄と交尾して、巣を作って卵をひたすら産み続けます。女王バチから生まれる有精卵はすべてメスになり、無精卵はオスになります。一方、働きバチには、繁殖能力がなく（女王バチの出すフェロモンが働きバチの繁殖能力を抑制しているという説もあります）、卵や幼虫の世話をし続けます。ミツバチの場合、女王バチと働きバチは両方ともメスで、クイーンゲノムとかワーカーゲノムとか特別な遺伝子は存在しないのに生態はまったく違う。

働きバチと女王バチの違いを生むのは、エサです。ローヤルゼリーという栄養価が高く、特別な栄養分を含んだエサを与えられた幼虫は女王バチになる。最近の研究では、ローヤルゼリーに含まれるロイヤラクチンという成分が幼虫のＤＮＡに作用し、特定の遺伝子を発現させているということがわかってきました。

つまり、どの幼虫を女王バチにするか決めているのは、働きバチなんです。「巣が手狭になってきたから、分蜂（女王バチが巣立ちして、別の巣を作ること）しよう」と決めるのも働きバチ（人間のような思考があるわけではないでしょうけど）。

どの幼虫が女王バチになるかは偶然だし、はっきり言ってどいつがなってもかまわない。けれど、特別な食い物を与えて、特別な環境で育てられれば、女王バチという別の生き物になる。働きバチたちは、働きバチ自身にとっての利得が最大になる行動を本能的にとっている。

日本企業では、どうでしょうか？

昇進するのは、業績を上げた人とは限りません。経営者に気に入られたり、長時間勤務をしている人が昇進していったりする。*8 人事査定をする上司が、長時間労働している部下を高く評価している文化があると、労働者にとっての環境は一向に良くなりません。

ミツバチの社会と違い、人間が作った会社はあくまで株主のもの。そして、株主から経営を任されている経営者に対する監視が緩いと、働きバチはいつまで経っても利得を得られないのです。

労働者が優秀だと、経営者が頭を使わない！

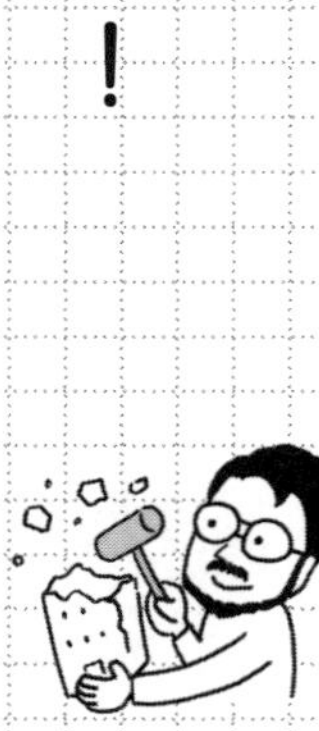

日本の労働生産性（労働者1人1時間あたりの生産額）は、先進国で最低レベル、アメリカの3分の2程度です。けれど、それは日本人労働者の能力が、アメリカ人労働者の3分の2しかないということではありません。それどころか、日本人労働者は、世界的に見ればそんなに悪くないどころか、かなり優秀な可能性もあります。

ＯＥＣＤ（経済協力開発機構）は、ＰＩＳＡ（国際学習到達度調査）を3年ごとに実施しています。２０１５年度のＰＩＳＡの結果を見ると[*9]、科学的リテラシーで日本は2位、読解力が8位、数学的リテラシーは5位でした。

ちなみに、アメリカと中国（北京・上海・江蘇・広東）の順位を見てみると、科学的リテラシーはアメリカが24位、中国が9位。読解力はアメリカが24位、中国が27位。数学的リテラシーはアメリカが40位、中国が6位です。

ＰＩＳＡは別に特別優秀な生徒を選抜して行っているわけではありません。その国の労働者の優秀さと、会社が利益を上げられているかどうかは無関係と考えたほうがよさそうです。

例えば、今や世界的な白物家電ブランドになったハイアール。この会社は創業当時、労働者に「工場の敷地で野グソするな、ちゃんとトイレを使え」と指導することから始めたそうです。世界を制覇している会社は、そういうところから始めている。

「今の若者は根気がない」とか「40代前半の人材がいない」だとか、日本企業の経営者は労働者に文句ばかりつけていますが、工場の敷地で野グソをするヤツなんて日本ではありえないじゃないですか。

日本のコンビニで一通りの仕事ができるというのは、かなりすごいことです。

もう時効でしょうから告白しますが、僕は中学生の頃学校に行かず、コンビニでバイトをしていました。今よりも規則が厳しくなかったので、廃棄する予定の期限切れの牛乳を持ち帰ったりと、ずいぶん助かった思い出があります。

その頃に比べても、コンビニでやることがものすごく増えていますね。昔は現金だけでしたが、今は電子決済手段もクレジットカードも受け付けていますし、公共料金などの振り込みもあったりする。揚げ物やおでんを作ったりもしなければならない。世界的に見れば、日本のコンビニ店員は超優秀です。

逆に言えば、ハイアールを始めとするグローバル企業は、「ありえないヤツ」も戦力として動員できているから強い。日本は、労働者のレベルが高いがゆえに、上に立つ人たちがあまり頭を使わずに済んでいる。利益を出せと言われたら、優秀な労働者を低賃金で長時間労働させることしか考えつかない。

第二次世界大戦中の1944年、旧日本軍はインドに進攻するため「インパール作戦」を決行しました。兵站《へいたん》（物資や人員等の調達や移動）を無視した無謀な計画によって、参加兵10万人のうち3万人を死亡させたインパール作戦は、史上最悪の作戦と呼ばれていますが、今の日本企業がやっていることも大して変わりません。

ただ労働者の方々に知っておいてほしいのは、賃金は「能力」ではなく、「相場」で決まるということ。

国立の某美術館で研究補佐の求人を出していましたが、1年契約で時給はわずか1240円。にもかかわらず、大学院前期課程修了以上、英語、ドイツ語、フランス語、イタリア語のうち2カ国語以上の読解ができること、といった条件が付いていました。こういう人材が、時給1240円で雇えるなら、会社としてはずいぶんお得ですね。仮に5カ国語を流暢《りゅうちょう》に話せたとしても、斜陽産業にいる限り、高い賃金は望めません。

日本のアニメ業界で働くアニメーターたちの賃金はものすごく低いことがよく知られています。同じアニメ業界でも、ディズニーの一部門のピクサーはサンフランシスコのエメリービルに立派なスタジオを構えました（1986年にピクサーを買収したのは、アップルを追い出されたスティーブ・ジョブズ。2006年にピクサーはディズニーに買収され、ジョブズもディズニーの役員に就任しています）。ピクサーは給料が高いだけでなく、社内でさまざまな教育コースも受けられるなど、労働環境は非常にいい。

一方の日本のアニメ業界は、日本のアニメーターの給与ですら高すぎて、外注に回すということをずっと昔からやっていました。日本のアニメが成り立つには、「ブラックアニメーター」の存在が不可欠だったとも言えます。

立ち行かなくなった中小企業は、そっと店を閉じよう

２０１８年に日本商工会議所が全国４０１８社の中小企業を対象に行った調査によれば、[*10]65・０％の企業で人手が不足しているそうです。その一方、過去20年間の時給の推移を見ると、日本は先進国で唯一のマイナス、９％も下落してしまいました。[*11]

少子高齢化の影響で人手が足らなくなっていると思われるかもしれません。けれど、実際に人口が減り始めたのは、２０１１年と比較的最近の話です。平成に入ってからの「失われた30年」の間にも、人口はしばらく伸び続けていたんですよ。[*12]だから、今の日本の停滞は人口減少のせいだとは言えません。

今起こっている現象は、「深刻な人手不足」などではありません。「深刻な賃金不足」なのです。

労働者に十分な賃金を払えない会社が多すぎる。

日本商工会議所の会頭は、中小企業に対する政策的な配慮を厚労省に求めたそうです。記事の中で会頭は「新たに雇える状態ではない」と悲鳴を上げています。

だけど、賃金を払えないのなら、会社はつぶればいいんですよ。会社がつぶれるのは、ものすごく悲惨なことと世間的には受け取られがちです。しかし、ここまで説明してきたように、会社というのは資本と負債を投資して、利益を生み出すための仕組みであり、それ以上でもそれ以下でもありません。

投資に見合わないリターンを得られなくなった仕組みはやめて、別の仕組みを作るべきなのです。

にもかかわらず、儲からないビジネスを続けている会社を美談として取り上げる風潮がいまだにありますね。会社が利益を上げられず、労働者を低賃金で長時間労働させるのは、労働者からお金や時間を搾取しているのと同じです。

もちろん、ビジネスの世界では、ひたすら投資が必要で、利益が出ないことはよくあります。

特にスタートアップ企業に関して言えば、キャッシュバーンレート（資金燃焼率）、どれだけお金を火にくべて事業のスピードを高めているのかという指標まであるほどです。でも、こういうスタートアップ企業は、お金を火にくべることで時間を買い、急成長することを目指している。リスクを取ることによって、大儲けできる事業を構築しようとしているわけです。

人手不足が云々と言い訳している会社の多くは、急成長を目指しているスタートアップ企業ではないでしょう？

それに何度も繰り返してきたように、会社は株主のものです。スタートアップ企業の立ち上げに参加して、経営陣に入り、株式を得て莫大な利益を得たいというのなら、タダ働きだろうが好きにすればいい。会社が儲かれば、ちゃんと分け前がもらえるのですから。けれど、株式も関係ない、ただの労働者なら「経営のことなんか知ったこっちゃない」でいい。賃金が市場に照らし合わせて十分かどうかだけが問題なのです。

「そうは言っても」という反論は出てくるでしょう。

「資本規模の小さな会社が、大資本に勝つのは難しいのでは？」とか「資本力のある大企業の独占が進んでしまう！」といった疑問が湧いてくるかもしれません。

実を言えば、儲かっていない会社がきちんと淘汰《とうた》されると、大資本を持つ企業への集中が進む傾向があります。

アメリカのIT業界は新陳代謝が激しいと先に述べましたが、その結果、GAFA（グーグル、アマゾン、フェイスブック、アップル）という超巨大企業群が生まれました。また、高福祉国家として知られるスウェーデンも、会社は厳しく淘汰されます。スウェーデンでは、儲かっている会社も儲かっていない会社も、同じ職種の社員には同じ賃金を払わなければならないそうです。その結果、被雇用者の5割が従業員500人以上の企業に集中しています[*13]。

中小企業がなくなってしまったら、雇用はどうなるのか心配だと言う人もいるでしょう。**大企業への集中が進む、そのこと自体は悪いことではないと僕は考えています。**

集中が進んだ結果、独占的な立場を利用して不当に価格をつり上げるとか、労働者に対する強い立場を使って低賃金でこき使う。そういうことがまずいのであって、資本力のある大企業それ自体が悪いわけではない。労働者が適切な賃金をもらっているのであれば、何の問題もありません。

資本の規模が大きい会社ほど、高い信用力で大きな借入れを行い、大きな投資を行えます。これは間違いない。

よく誤解されることなのですが、一流企業というのは一流の人が集まる会社ではありません。**三流の人材を使って、一流のアウトプットを出せる仕組みが一流企業です。**

工場の敷地で野グソをするような人を使って、グローバルで高いシェアを取っているハイアールは、一流企業だと言えます。大きな会社で優れたアウトプットを出すのは、同じアウトプットを中小企業で出すのに比べてずっとイージーモードのゲームなんですね。

こう言ってはなんですが、労働者に高給を払い、きちんと利益を出している中小企業は、「スーパーサイヤ人」ぞろいですよ。他が真似できない技術を持っているとか、社長の経営手腕が並外れているとか。スーパーサイヤ人が会社からいなくなって儲けられなくなったというのなら、やはり会社を畳むべき。

会社は単なる仕組みであり、器ですから不要になったらつぶせばいい。守るべきは、あくまでも「人」です。人が死んだり、不幸な目に遭わなければ、会社なんて仕組みはどうでもよい。

そして、会社がつぶれた時に、人が不幸にならないようにする、それこそが政府の役割なんです。

政府がちゃんとしていないから、「たかが」リーマンショックが起きたくらいで、生活に困る人が出てきてしまう。本当、リーマンショックなんて危機と言っても大したことはないんですよ。20世紀初頭の大恐慌だとか、世界規模の戦争とか、もっとすごいことが何度も起こっているんですから。

緊急事態が起こっても、会社を守るべきではない？

緊急事態が起こった時、つぶれそうな会社を政府が救済するべきか否か。2020年のコロナウイルスショックで、私たちはまさにこの問題を突きつけられました。

世界的な渡航制限によって、ほとんどの航空便は欠航、どの航空会社も経営危機に追い込まれ、実際に経営破綻してしまった会社もあります。エネルギー分野では、コロナウイルスショックに端を発するサウジアラビアとロシアの対立によって原油価格が急落。アメリカのシェールオイル会社は軒並み経営破綻に追い込まれました。

中小企業や自営業の状況も深刻です。外出制限がかかったことで、通販・宅配サービスなど一部を除いて、あらゆる業種が大きなダメージを受けました。特に、小売や飲食、旅行といった業種のダメージは深刻です。

こうした未曽有の危機が起こった時でも、つぶれるべき会社はつぶれてもかまわないと言ってよいのか？

「たかが」リーマンショックといったように、基本的な考え方は、コロナウイルスショックであろうが変わりません。ただし、政府が会社を救済すべきかどうかについては、是是非非をゼロにはできない、つまりいくつかの会社は政府が救済せざるをえないということです。

その判断基準は、端的に言えば「代わりがいるか」どうか。

例えば、航空メーカーのボーイングに関しては政府が救済すべきでしょう。その理由は、ボーイングが消えてしまったら、大型旅客機を作れる会社はエアバスだけになってしまうから。独占を禁止するためにも、ボーイングは残しておかなければならない。

これは大企業は何でも残せということではありません。１９７０年代、日本でロッキード事件が騒がれていた頃は、ボーイング以外にも大型旅客機を作っているメーカーがいくつもありました。今は軍用機を主に扱っているロッキード・マーティン社も、前身のロッキード社時代には、トライスターという民間大型旅客機を製造していました。

ただ、このトライスターはとにかく販売不振で、ロッキード社は民間航空機市場から撤退することになります（ちなみに、トライスターの販売不振がロッキード社を焦らせ、ロッキード事件を始めとした世界的な疑獄事件を引き起こすことになりました)。この時にも、アメリカ政府はロッキード社の旅客機部門を救済したりはしていません。

代替の利かない技術やノウハウ、知的財産、人材がつぶれるのがまずいのであって、そうでなければ会社という仕組み自体がつぶれることはそれほど大きな問題ではないのです。

コロナウイルスショックで飲食店が次々とつぶれていった様子は、見ていて本当に辛《つら》かったですが、それでもこれらの会社を政府が救済すべきかと言われれば、否と答えざるをえません。最も身近で基本的な業種であるがゆえに、一番替えが利くのもまた事実でしょう。

農家に関しても同じことが言えます。大事なのは、農家という仕組みではなく、農産物。危機だから農家を救済して、自給率を上げようというのは間違っている。日本の場合、食料自給率を100%にするには、それこそ人口を3000万人くらいまで減らさない限り不可能です。農産物をいつでも買えるように、外国と関係を良くして、購入ルートを確保しておくことのほうがはるかに重要でしょう。

何度も言うように、何よりも救うべきは「人」です。危機によってダメージを受けて、会社などが倒産するのであれば、そこで働いていた人を救わなければならない。

危機がどれくらい続くのか、どれだけの人がどのくらいの間、失業するのかを推定し、そのために必要なお金を配ることが、政府の役割なのです。

政府にシワを寄せている日本の無能な経営者

日本企業の不合理さが端的に表れているのが、人材採用でしょう。大学を卒業した人たちを「新卒」として一括採用する。そして、会社から命じられた通りに動くよう育てていく。

バブル崩壊後の就職氷河期、日本企業の新卒一括採用システムは、その冷酷さを見せつけ、「ロスジェネ」と呼ばれる人たちを生み出しました。1993〜2005年頃、経営の先行きに不安を覚えた多くの日本企業は正社員の新卒採用枠を大幅に減らしました。その結果、本人の意図に反して非正規雇用での働き方を強いられる人が出てきてしまった。

経営が不安定になってきた会社が採用を絞ること自体は、別に間違ったことではありません。営利企業がどんな人材を何人採らなくてはいけないのか、法的に定められているわけではないですからね。

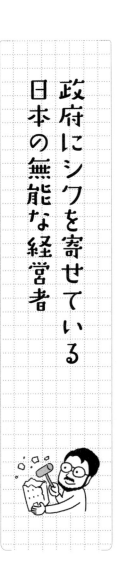

短期的な損得にとらわれて社員の採用を絞った結果、人材が足らなくなり、うまく会社が回らなくなってつぶれる会社が出てきてもそれは自業自得です。営利企業は、自分たちがやりたくないことはやらなくてもいい。

問題はそうしたツケを誰が払うかということ。ツケやシワ寄せは、全部政府に。会社のやりたくないことは、どんどん国が引き取ることになっていきます。

日本企業のダメさについては延々と解説してきましたが、会社のやりたくないことを国が引き取るのは、日本に限った話ではありません。全世界でこの傾向が加速しています。

超優秀なヤツだけ、必要な時に雇いたい。
役に立たないヤツのクビはすぐに切りたい。
賃金はできるだけ低く抑えたい。
労働者が住むための家やインフラは国が整備してほしい。
税金はできるだけ払いたくない。
決算書類をごまかしても大目に見てほしい。
投資で大失敗したら、救済してほしい。

会社にとって何とも都合の良い要望ばかり並んでいますが、この四半世紀の間、どの国の政府も多かれ少なかれ、営利企業の御用聞きばかりしてきました。

ドラえもんに出てくるジャイアンのごとく、「うまくいったら会社のもの」「うまくいかなかったら政府のもの」というのを、ずっと続けてきたわけです。

日本の景気が良かった頃、儲かった会社は全国あちこちに保養所を作りました。社員食堂や病院も用意し、福利厚生を充実させ、社員の面倒を見てくれるのが、良き日本企業でした。

だけど、会社による充実した福利厚生は、あくまで会社の業績が良い時のものにすぎません。会社の業績が悪くなったら、あっという間に福利厚生は削られ、賃金は下げられ、社員はどんどん奴隷化していってしまいます。

新卒一括採用はナンセンスな仕組み

だいたい、企業がきちんと経営を行わなければならないのなら、新卒一括採用なんてやり方が通じるはずがないんですよ。

僕はオン・ザ・エッヂのＣＴＯだった時に、エンジニアの人材採用も担当していました。人材採用する前に、会社の経営陣が考えなければならないのは、「本当にそれだけの人材を雇わなければならないのか？」ということ。どういう事業を展開するか、そのためには機械や人材も含めて何が必要なのかを検討しなければならない。

きちんと雇用契約を結ぶのは、会社にとっても大変なリスクです。立ち上がったばかりのスタートアップ企業なら、知り合いに声をかけて手伝ってもらうほうがいいこともあります。

あれこれ検討した上で、どうしても人材を雇わなければならないということになったら、

「最低限必要な人材の要件」を決めました。

例えばソフトウェアエンジニアであれば、どれくらいプログラミングスキルがあるのかは重要ですが、そのスキルだけあればいいというものでもない。社員数が多く、教育システムが整っている大企業とは違って、スタートアップ企業では一人一人がさまざまな業務をこなす必要があるんですね。ソフトウェアエンジニアといっても、プログラミングだけしていればいいということはなく、顧客サポートや営業もしなくてはならない。そうなってくると、ある程度のコミュニケーションスキルも不可欠です。

ずば抜けたプログラミング能力を持っていた人もいましたが、あまりにもコミュ障だったため、泣く泣く採用を諦めたこともありました。でも、要件さえ満たしていれば、採用は先着順です。学歴がどうとか、一切考慮しませんでした。

すでに大きくなって多数の社員を抱える会社では、そんなふうにいちいち人材を吟味していられないと思うかもしれません。だからこそ、グローバル企業では、就職希望者が大学でどんな単位を取ったのか、どんな学位を持っているのかを見るわけです。

本来、大学の単位、学位というのは、その人が何を修得したのかを示すお墨付きです。どの大学を卒業していようが、同じ単位、学位を持っているのであれば、みな同じことができると期待されます。

一方日本では、大学は偏差値によってランキングされ、会社に就職するためのチケットになっています。個々の単位や学位で、「その人はどんなスキルを持っているのか」は大して考慮されていないのが現状です。

もちろん、欧米の大学や人材採用の仕組みが完璧ということはありません。新卒一括採用がない代わりに、会社は就職希望者の学位や実績をシビアに見ますから、大学出たてで実績のない若者は職を見つけるのが難しいという面もあります。

裁量労働制は「定額働かせ放題」

　自分たちに都合良く労働者を働かせたい。最近、政府が進めようとしている「働き方改革」にも、日本企業（というか、主要な大企業の集まりである経団連）の意図が露骨に見え隠れします。

　例えば、労働時間と成果が連動しない仕事に適用される「裁量労働制」です。

　裁量労働制自体は以前からあり、研究開発やクリエイターといった専門業務型、経営や財務、人事等の計画に関わる企画業務型が裁量労働の対象とされてきました。企画業務型は対象範囲が曖昧《あいまい》で、言ってしまえばあらゆるサラリーマンが対象になってもおかしくない。

　そこで、労使間で採決し、５分の４以上が賛成すれば裁量労働制を導入できると言った縛りが設けられていました。２０１８年の働き方改革法案では、この縛りをもっと緩くして、さらに特定高度専門業務を行う人を対象にした「高度プロフェッショナル制度」の導入もしようとしたわけです。

２０１８年1月29日、安倍前首相は「裁量労働制で働く方の労働時間の長さは、一般労働者より短いというデータもある」と主張したわけですが、このエビデンスとして厚労省が出してきた資料が何ともお粗末だったのです（労働時間等総合実態調査２０１３年４〜6月）。

労働時間を比較すると言っておきながら、裁量労働制で働いた場合と、そうでない場合を異なる基準で比較していた。労働者が自分の裁量で働けるようになったら、労働時間は短くなるはずが、かえって長くなっていることがわかってしまった。

うっかりミスでこんな資料を出してしまうような人間はデータを扱うのに向いていません。小学生が夏休みの自由研究をやるのをサボっていて、最終日に何とかでっち上げようとした……というのよりもずっとひどい。数字を盛る、偽資料を作る、あるはずの資料が存在しないと主張する、そういう人間が出世するのならば、裁量労働制の資料を作った人は役人の素質があるということになりますけどね。

今の経済社会において、労働時間と成果が連動するわけではないのだから、裁量労働制を拡大しようと経営者側は主張しますし、この主張は一見、合理的なようにも見えます。けれど、こうした賃金や労働に関して考える場合は、もっと根本に遡《さかのぼ》って考えないといけません。

なぜ、労働基準法を始めとした法律が作られたのか？

もちろん、労働者の権利を守るためですよね。

では、なぜ労働者の権利は守られなければならないのか？

労働者というのは労働力を売っている業者と見なすこともできます。売られている労働力を、会社がお金を出して買う。こういう考え方をすれば、会社と労働者は対等のように見えますが、現実はそうではありません。

昔、奴隷制があった頃、奴隷は買い主と交渉することすらできませんでした。奴隷制がなくなっても、会社と個人の労働者ではまったく交渉力が違います。**お金のない労働者は、会社に言われるがまま、低賃金で長時間働かされてしまう。奴隷制がなくなっても、奴隷状態は簡単に生まれるのです。**

だから、そこは政府がちゃんと口を出して、人権を守るようにしないといけない。かつては児童が過酷な労働に従事させられることは珍しくありませんでしたが、戦後になってようやく今の労働基準法や児童福祉法ができました。

今の日本には、労働者の権利を守るための法律がきちんと存在する。

けれど、法律は存在しているだけでは意味がない。きちんと施行されて初めて意味を持つんです。労働関係に限らず、日本における問題の多くは法律そのものというより、施行する行政や、違反者を罰する司法の機能不全にあるのです。

この先どうなるかはわかりませんが、裁量労働制の拡大は当面先送りされました。これに対して、日本商工会議所、経団連、経済同友会の財界3団体トップは失望した旨のコメントを出しましたが[*14]、僕が失望したのは経済界に対してですよ！

日本商工会議所、経団連、経済同友会は、大企業の経営者や実業家たちで構成されています。会社を経営している、あるいは会社を所有している人たちなわけですが、裁量労働制の対象拡大は彼らが強く要望していた施策になります。日本の大企業を牛耳《ぎゅうじ》ってきた人たちの出してきた案がこの程度なんて。

バブル崩壊後、低迷する日本の「失われた20年」は「失われた30年」になりましたが、この30年間一番仕事をしていなかったのは、経済界の人たちです。さらに言えば、経済界の人たちに仕事をさせなかった、彼らのやっていることをきちんと監視してこなかった国の責任は大きい。

経済界と政府の無策によって、侵害されているのは労働者の権利だけではありません。何度も繰り返してきたように、会社は（少なくとも株式会社は）株主のものです。**経営者が会社の利益を損なう行為を犯しているのであれば、政府がきちんと止めないといけない。**そうしないと一般の投資家も含めた株主が損失を被ってしまう。

株主の権利もないがしろにされてきたのです。

裁量労働制だと、労働時間が短くなるのを建前に、同じ給料で長時間働かされるブラック労働者が増えるかも？

裁量労働なんて今すぐ誰だってできる

裁量労働制の対象拡大や、高度プロフェッショナル制度によって、労働者が自分で自由に働けると経済界は主張します。しかし、この主張がすでにおかしい。

例えば、高度プロフェッショナル制度は、高度の専門知識を有し一定水準以上の年収を得る労働者を、労働時間規制の対象から外すとしています。２０１９年4月に法案が審議されていた段階では、証券アナリストや研究開発職が対象になるとされていて、「一定水準」の年収は１０７５万円以上ということになっていました。

「一定水準」というのも鵜呑みにできませんけどね。いくら以上の年収が対象になるかは法律に明記されてはおらず、「省令で定める」となっている。この省令を出すのは、「あの」厚生労働省です。

２００７年の「消えた年金」問題では、５０００万件の納付記録漏れが発覚。２０１８

年には、賃金や労働時間に関する統計「毎月勤労統計調査」において、不正統計が発覚。データをきちんと管理することについて、これほど信用できない省庁はないでしょう。一定水準の年収にしても、ある日を境に「1075万円」から「107・5万円」に下げられたとしても僕は驚きません。

経団連は、高度プロフェッショナルと似た内容の「ホワイトカラー・エグゼンプション」を2005年に提案しており、この時は年収400万円以上の労働者が対象になっていました。雇用問題に関して、政府は経団連の要望に深く深く耳を傾けてきましたから、「一定水準」を厚労省に決めさせる気にはとてもなりません。

それになにより、ホワイトカラー・エグゼンプションだとか、高度プロフェッショナル制度だとか、法律を変えたり新しく作ったりしなくても、労働者が自分の裁量で働くことは今でも可能です。

基本的にサラリーマンは、会社と「雇用契約」を結んでいます。これは、労働力を提供する対価として報酬をもらえるというもの。

これに対して「業務委託契約」では、どんな内容の仕事を、いくら、どれくらいの期間で受けるか、仕事ごとに契約します。

要するに、自営業者やフリーランスになって「業務委託契約」を会社と結べば、いくらでも自分の裁量で働くことができます。労働力の対価に報酬を受け取るわけではないので、いわゆる「労働者」ではなくなりますけどね。

すでに、業務委託契約という仕組みが存在するにもかかわらず、なぜ今さら裁量労働制などと経営者たちが言い始めるのか。労働者は、そこでピンと来ないといけません。

食べ放題、飲み放題、使いたい放題と言われたら、元を取ろうと、ついがっついてしまうのが人間というものです。あなたも身に覚えがあることでしょう?

定額料金だけ払って人を好きなだけ使える制度があるのなら、経営者がそれを利用しないわけがない。**雇用契約なのに、なんとかして裁量労働の対象を拡大しようとするのは、「働かせ放題」にしたいからに決まっています。**

裁量労働がお得なのは、ワーカーではなくプレイヤー

自分の裁量で働いて得をするのは、きちんとそれに見合った報酬を受け取れる人だけです。

稀少なスキルやコネを持っているのであれば、会社からの依頼を受けて業務委託契約を結ぶのはよいでしょう。労働力ではなく、ユニークな価値を提供できるのであれば、時給で働くよりもずっと有利になることもあります。

例えば、プログラマーです。

プログラマーの場合、人によって生み出す成果がとてつもなく違ってきます。優秀なプログラマーと並のプログラマーの差というのは、キーボードを打つのが速いとか、そういうことではないんですね。プログラミングにおいて、処理をどういう手順で進めるかを「アルゴリズム」といいますが、アルゴリズムの善し悪しでソフトウェアの性能は数倍、

数十倍、数千倍も変わってくることがあります。

1000人の並のプログラマーより、1人の優秀なプログラマーのほうが圧倒的に生産性が高いということも、よくある話です。優れたソフトウェアを作れるプログラマーなら、フリーランスで働いたほうが割が良い。

スタートアップ企業の立ち上げに参加して、「いずれ上場！」と考えている人も、自分の裁量で好きなだけ働きたいでしょう。株式という「分け前」をきちんと約束しておけば、会社が上場した時に得られるキャピタルゲイン（資産価値が増大して得られる利益）は膨大なものになる可能性もあります。

世の中には、24時間バリバリ働いて儲けたい人もいるわけですから、自分の裁量で働くこと、それ自体は問題ありません。

年収数千万円、数億円といった高額の報酬を得るのは、どんな人たちでしょう。開業医や弁護士といった昔ながらの個人事業主の他、成功した起業家、新規事業の立ち上げを請け負うプロフェッショナルのマネージャー等々。こういう人たちは、「ワーカー」ではなく、「プレイヤー」というべき。働いているわけではありません。自分でリスクを取って死に物狂いに遊んでいる。時代劇マンガ『シグルイ』（南條範夫原作・山口貴由作画）では、試合ならぬ狂気の「死合」を繰り広げる武士たちが描かれますが、今の時代の高給取りも一攫千金や栄誉をかけて死合している。

でも、業務委託契約を結んだら自由かと言えば、そんなことはありません。取引先との力関係によって、あっという間に奴隷契約になってしまうことは十分にありえます。

例えば、放送業界。

テレビ番組のほとんどは、フジテレビやTBSといったテレビ局ではなく、下請けの制作プロダクションが制作しています。大手のテレビ局は高給であることが知られていますが、制作プロダクションの社員が同じ報酬をもらっているかと言えばそんなことはないでしょう（制作プロの社長は、テレビ局との取引で大いに儲けている可能性はありますが）。

飲食店チェーンなどで横行する「名ばかり店長」もそうです。実際はアルバイトにもかかわらず、会社とは業務委託契約を結ばされて、店舗の管理運営を長時間させられる。時給にすれば、最低賃金を下回るケースも少なくありません。

コンビニチェーンも同じです。個々の加盟店のオーナーは、個人事業主など独立した経営者として、コンビニ会社とフランチャイズ契約を結ぶという建前になっていますが、はたして実体はどうか？　コンサルティング料を取られたり、仕入れや在庫管理についても運営会社の指示通りに動かざるをえないシチュエーションが多く、２０１５年には東京都労働委員会が「コンビニオーナーは労働者である」という判断を下しています。

自分の裁量で働けるはずの業務委託契約であっても、契約内容や力関係によって、いとも簡単に奴隷契約させられてしまうのです。

労働力を売るワーカーと、自分でリスクを取って死合するプレイヤーが同じような契約を結ぶべきではない。名目がどうであれ、報酬の対価として労働力だけしか提供できない労働者は、強い資本力を持った会社に勝てません。

さらにもっと根本的な問題があります。

私たちがコンビニやネット通販、あるいは飲食店で何かモノやサービスを買うことを考えてみてください。あなたは何の対価としてお金を払っているのでしょうか？

そのモノやサービスが、お金に見合った価値をあなたにもたらしてくれると思うからお金を払うわけですよね。少なくとも、コンビニの店員や配達員の労働時間に対して、お金を払っているつもりはないでしょう。

もしかしたら、あなたは安月給に不満を持っているサラリーマンかもしれません。でもだからといって、別の労働者に同情して、モノを買ったり、サービスを利用する時にチップを弾んだりはしないわけです。

あなた、つまり「消費者」（法人取引の場合も含めて、「顧客」と言ってもよいでしょう）は、労働者の労働時間に対してお金を払ったりはしないのです。

消費者、顧客の払った対価は、モノやサービスを提供する会社の売上になります。会社はモノを仕入れたり、機械や人間を動かしたりするために「費用」を払い、できるだけたくさんの利益を得ようとする。あとは、ご存じの通りですね。利益が出たら、その利益は株主に分配されることになります。

いかがでしょう？　結局のところ、消費者、顧客が払ったお金は、労働者の元に直接行くわけではないのです。株主が得る「お金」と、労働者が得る「お金」では、意味がまったく違います。

格差が生まれる根本的な原因（格差の是非についてここではひとまず措《お》いておくことにしましょう）は、こんなに意味が違うお金を、同じように扱ってしまっていることなんですね。

裁量労働制の対象を年収1075万円にするか、700万円にするか、はたまた400万円にするか。最低賃金をいくらにするのか。労働時間を何時間までにするのか。そんなことは極めて些細《ささい》な事柄にすぎません。

適切な労働の対価を算出するのは難しい

労働者は労働力を提供し、その対価として賃金を受け取る人のことですが、では適切な対価とはいったいいくらなのでしょうか？

真面目に考えれば考えるほど、労働力をお金に換算するのがいかに難しいかがわかってきます。

時給1000円だとして、1万2000円もらえれば12時間連続で働けるのか？　2万4000円なら24時間連続で働けるのか？　時給1000円で24時間連続勤務と聞いたら「ブラック労働！」と顔をしかめたくなりますが、ハマっているゲームを丸1日2日ぶっ続けでプレイする人は別に珍しくはありません。「遊んでいるだけで1時間1000円もらえる！」と目を輝かせる人だっているでしょう。

どういう内容の仕事を、どれだけの時間させれば、いくらの賃金に値するのかは複雑な問題です。

古典的な経済学では、人間がどんな性質を持った生き物なのかはあまり考慮されてきませんでした。経済合理性にのみ基づいて行動し、他者のことは考えず、自己の利益を最大化することを目指す「ホモ・エコノミクス（経済人）」という経済学用語がありますが、これはあくまでも経済の問題をシンプルにするために仮定された概念にすぎません。

1990年代以降、人間という生き物の性質を観察、実験し、その知見を経済学の理論に反映しようという、行動経済学が登場してきました。脳科学や生理学などの科学分野も進歩してきたことで、僕たちは自分自身がどんな性質を持った生き物なのか、少しずつ理解するようになってはいますが、それでもまったく十分ではありません。

労働基準法にせよ、その他の法律にせよ、人間という生き物の性質がまだよくわかっていなかった頃に、適当に決められた面が大いにあります。

ややこしい人間の性質などわからなくても、「時給」ということにしてしまえば、賃金は簡単に計算できる。現代のように科学が発達していなかった時代に、「とりあえず計算できた」から、時給ベースで賃金を算出するようになっているにすぎないんですよ。

仮に、スポーツ選手の賃金が時給ベースで計算されるとしたらどうでしょう？

マラソン選手と100メートル走の選手の時給は、いったいいくらにするのが適当でしょうか？　1日8時間勤務で一律だとしたら、サッカーの試合は4ゲームできてしまうけど、そんな人間はいるでしょうか。

ウルトラマンは、3分以上働いたら死んでしまいます。もしウルトラマンが労働者だとしたら、カラータイマーがピコピコ鳴り始めたところで、雇用主がちゃんと休ませないといけない。ウルトラマンにとっては3分、いや余裕を見て2分半くらいが適正な労働時間なのです。

僕はプログラミングに熱中し始めると、何時間、何日もぶっ続けで働いてしまうことがあります。けれど、労働者として「1日4時間働け」と命じられても絶対に無理！　そんなに長時間、集中してものを考えたりすることなんてできません。

もし、本当の意味で裁量労働制を実現したいのであれば、仕事の内容の負荷や個々人の性質をエビデンスに基づいて分析した上で、労働時間や賃金を決め、それを各人がセルフコントロールできなければなりません。でも今議論されている制度はそういうふうにはなっていないでしょう？

会社と労働者で時給ベースの雇用契約を結びながら、同時に裁量労働させるというのは、はっきり言って不可能なのです。

「ブラック労働者」から抜け出すために必要なこと

会社が労働者を不利な条件で働かせて、お金や時間を搾取しているのであれば、罰せられるべきは会社、雇用者です。

ただ、どうしてこういう会社が一向になくならないかと言えば、その口車にほいほい乗ってしまう「ブラック労働者」がいるから。

自分自身が、労働力をダンピングしている「ブラック労働者」だという自覚があるのなら、無理な残業はどんどん断るべきなんですね。

日本では、正規の賃金なしで時間外労働することを「サービス残業」と呼ぶ慣習があったりしますが、これは明確に労働基準法違反です。それなのに、労働者自身が「サービス残業」と言い、それを受け入れてしまう傾向がある。

大きな理由の1つは、「思い込み」でしょう。「命令されたら、とりあえず従う」というメンタリティを、子どもの頃から刷り込まれてしまう。

小さい頃から縄を首に付けられて育ち、動ける範囲を制限されてきた子犬みたいなものです。大きくなって縄なんていつでも切って自由になれるはずなのに、そうしない。そうしようと思いつきもしない。

日本の学校で子どもたちが受けている教育は、もしかしたらこういうことかもしれない、そう僕は恐れています。

算数のテストで掛け算の順番が違っていたらバツにされてしまったりとか、生まれつき茶髪の生徒の髪を黒く染めることを強要するとか。

かつての軍隊であれば、上官の命令に唯々《いい》諾々《だくだく》と従う人が優秀な兵隊ということになるかもしれませんが、現代に求められているのはそういう人材ではない。グローバルにビジネスを展開する会社が求めているのは、自分の置かれた状況を判断し、臨機応変に行動できる人なんですよ。

政府は反営利でなければならない

一般的な会社、営利企業という仕組みは利益を出すことを目的としています。利益が出なければ、仕組みを回し続けることはできませんし、回らなくなった仕組みはさっさとつぶしてしまえばいい。

では、なぜ営利企業が利益を出すことを認められているのか?

それは、会社が利益を出すことによって、社会全体が利益を受けると考えられているからです。不当な方法を使って、社会に不利益を与える会社は許されません。

あちこちから人をさらってきて奴隷にしてこき使い、お金をがっぽり稼ぐ悪辣な会社があったとします。その会社をのさばらせたままにしておくと、社会全体が不利益を受けることになりますから、誰かが何とかしないといけませんよね。

その、何とかしてくれるのは何者でしょう。

経済学には「外部不経済」という用語があり、経済活動を行っている当事者（会社や消費者）以外に損失が及ぶことを指します。我々の社会において、誰かや何かに押しつけられる「外部不経済」が生じることは不可避です。公害も外部不経済の代表例ですね。

社会に不利益をもたらしているヤツがいないかチェックしてダメ出しをしたり、揉《も》めごとの仲裁に入ったり。まったくもって損な役回りです。こんなことをしても利益は出ませんから誰もやりたがりませんが、誰かがやらなければなりません。

現在、こうした外部不経済を引き取っている、というより押しつけられているのは政府です。営利企業が利益を出して経済活動が大きくなっていけば、外部不経済も大きくならざるをえない。政府が何とかしなければならない仕事はますます増えていくことになります。

このように考えると、政府とは「非営利事業」というより、「反営利事業」というべきでしょう。

これが「会社と政府、どっちが大事？」という問題ではないことに注意してください。営利企業と、反営利事業である政府が綱引きをしているからこそ、世の中は回っているのです。

もしすべての人が公務員だったら、誰も生産的な仕事をしなくなります。１９９1年にソ連が崩壊したのは、それが最大の原因と言ってもいい。逆に、政府が何もしなかったら、道路などみんなが使うインフラは整備されなくなってしまう。

政府は反営利に徹していいし、むしろ政府が反営利であるほうが会社としても戦い甲斐があると言えます。プロスポーツも厳格にルールが適用されるからこそ、プレイヤーは勝つために知恵を絞り、それによってゲームが面白くなるのですから。


２０１５年、自動車メーカーのフォルクスワーゲンによる、排出ガス規制不正問題が発覚しました。フォルクスワーゲンはディーゼル車の排ガス規制を不正にくぐり抜けていたのです。最終的に、フォルクスワーゲンとアメリカの当局（米環境保護局＝ＥＰＡと司法省）の間で、フォルクスワーゲンが１・５兆円の制裁金を支払うという内容の和解が成立しました。営利企業が儲けるのは結構だけれども「外道なことをしてるとパクるぞ！」でいいんですよ、本来の政府は。

しかし１９８０年頃、アメリカのレーガン大統領、イギリスでサッチャー首相が登場してきたあたりから、全世界的な傾向として政府の営利指向は強まっています。他国との経済競争に打ち勝たなければいけない、そのためには、政府を営利的に運営しなければいけない。営利企業に好き勝手させることが、経済成長には一番効果的。多くの国がそう誤解してしまったのです。

市場原理に任せて営利企業に好き勝手させてはいけないのか、と思われるかもしれません。そうしたほうが会社はどんどん儲けられて、国も豊かになるだろうと。

しかし、社会が本当の意味で豊かになるためには、自由に対して笛を吹くレフェリーがいなければならない。だって、レフェリーが誰かに買収されたりしたら、ゲームがつまらなくなってしまうじゃないですか。

ゲームに勝ちたいだけの人は、自分に有利なようにルールを作ろうとします。けれどその結果勝つ人が固定化されたら、出来レースばかりになって観客は飽きてしまうし、ゲームに参加しようというプレイヤーもいなくなってしまいます。

一番大事なのは、フェアなレフェリーがいること。この四半世紀、どの国の政府も、営利企業に鼻薬を嗅がされ、フェアなレフェリーとしての役割を放棄してしまっていた。

日本だけでなく、世界で起こっているのは、こういうことです。

僕は、経済成長を目指すなと言っているのではありません。まったく逆で、レフェリーがきちんと仕事をすれば、僕たちはもっと豊かになっているはずなんですよ。

PART 4

税金と賃金の仕組み

「働かざる者は食うべからず」と平気で口にしますが、

日本の税制度は「不労所得」を得るお金持ちに圧倒的に有利。

「給料を上げろ」と叫ぶ前に、

「働いたら負け」の現実を知りましょう。

アベノミクスで得をしたのは誰か？

安倍晋三前首相にとってのアベノミクスとは、あくまで手段にすぎなかったと僕は思っています。憲法改正を行うためには、「経世済民」（中国の古典に登場する語で、「世を経《おさ》め、民を済《すく》う」の意味）、つまり経済政策をきちんと実行したという実績が欲しかったんでしょう。

アベノミクスの成果については、未《いま》だに賛否両論の議論があります。雇用が改善した、賃金が上がったという人がいる一方で、非正規雇用の割合が増えただけ、実質賃金は下がっているという人もいる。

厚生労働省の毎月勤労統計調査を始めとして、行政による統計調査不正が次々と明らかになって政権側の主張はなかなか信用できなくなっていますし、情報の扱いに関する軽さはこの国の根幹を揺るがす事態であり、何よりも重要事なのですが、ここではひとまず措いておくとしましょう。

一番の問題は、アベノミクスによってどうなったか。

不正統計問題で突き上げを食らっている厚生労働省は、実質賃金は上がっていると主張していますが、財務省の法人企業統計を見ても、企業の経常利益は上がっているのに、人件費は横ばいのままです。

また、税金、年金や健康保険など社会保障を合わせた国民負担率は、一貫して上がり続けています。

アベノミクスでは「2%のインフレ目標」を掲げていましたが、この目標は結局達成されていません。つまり、全体として日本国民が手にできるお金は減ったんですよ。

その一方、アベノミクスによって得をした人たちもいます。

内閣府の国民経済統計を見るとここ四半世紀、個人資産は横ばいのままなのですが、2000年代以降金融資産1億円以上の富裕層、超富裕層の世帯数、資産額は増加し続けています。こういう人たちの資産が増えたのは、別に給料が上がったからではありません。株式を始めとする資産の評価額が上がったり、配当が増えたり。要するに、「不労所得」が増えたんですよ。実を言えば、僕もアベノミクスで得をさせてもらった側の人間です。

まったく、アベノミクス様様ですね。

でも、日本は民主制であることを標榜しているわけですから、そうやってお金持ちだけが得しているのを放置していた国民全員に責任があります。

「今の政権には投票しなかったから自分に責任はない」という人もいるでしょうが、民主主義では、失政の責任は有権者全員にあります。「あなたは、失政を体を張ってでも止めましたか？」と逆に問われてしまう。民主制というのは、なかなか恐ろしい政体なのです。

「うまくいくかどうか見てやろう」と他人事《ひとごと》のように、物事が進んでいくのを眺めていませんでしたか？

さて、「不労所得」の「不労」とは文字通り、「労働しないこと」。寝てようが遊んでようが、入ってくる所得のことです。

ネットなどではよく冗談交じりに、「働いたら負けだと思っている」なんて書き込みをする人がよくいますが、これは間違いなく真実を突いています。

トマ・ピケティは『21世紀の資本』（邦訳刊・みすず書房）で、世界は「r＞g」になっていることを明らかにしました。

rとは「rate of return on capital」の略で資本収益率のこと、gとは「the growth

rate of economy」の略で経済の成長率のことです。
ものすごく乱暴にまとめてしまえば、資産から得られる売却益や配当、利子、家賃収入といった不労所得が、労働者の給料の伸びよりも多いことを示しています。

「不労所得を得ている金持ちは許せん！」
そう思いますか？
僕はそう思いません。不労所得がまるで悪事であるかのように語られている、その社会常識こそ許してはならないし、変えていかなければならないことなのです。

今の倫理では、「勤労」が美徳になっています。額に汗して労働して、その代価としてお金をいただくのが当たり前だと大勢の人は信じ込んでいるし、それを疑うことすらしません。

「働かざる者は食うべからず」などということを平気で口にしますが、その常識こそが、私たちを貧しいままにしているのです。

消費増税は、「持てる者」の陰謀

「株や不動産から不労所得が入ってくる人が羨ましいけど、自分には縁がない……」、そう考えている人にとって、不労所得が悪いことではないと言われても今ひとつピンと来ないかもしれません。

けれど、勤労こそ美徳、働かざる者は食うべからずだと多くの人が刷り込まれているせいで、今の経済は機能不全を起こしています。

その歪みが端的に表れているのが、税制です。

先の章では、社会には必ず「外部不経済」が発生し、それを「反営利」事業である政府が行う必要があることを説明しました。

経済活動が活発に行われ、社会が豊かになっていくためには、道路や教育といったインフラ整備が欠かせませんし、人々が安心して暮らすためには社会保障も必要です。そうなれば当然お金が必要ですから、政府が国民から税金を集めるんですね。

そんなことは今さら言うまでもないことだと思われるでしょう。

しかし、どんな種類の税金を誰からいくら徴収するのか、日本はここに大きな問題を抱えています。

まず、消費税。消費税は持てる者のある意味「陰謀」がうまくいった結果なんですよね。これは陰謀論というより、お金の仕組みからすると必然なのかもしれませんが。

持てる者＝金持ちたちの立場からすると、消費税はとてもおいしい税制です。

消費税というのは、一見フェアに見えてこれ以上にないほど、アンフェアな税制です。単にアンフェアなだけではなく、経済の邪魔もしてしまう。**これほど経済の邪魔をする税制は他にはありません。**

モノやサービスに対して支払いをする時に、何％か上乗せして税金を払うというのは、ものすごくわかりやすい。わかりやすい分、公平な気もするかもしれません。

消費税の推進派は、「誰しもが何かを買うのだから、その時に税金を払えばいいでしょう」と主張するわけですが、考えてもみてください。自分の得た収入を、消費税の掛かるような買い物に全部突っ込みますか？　日々いろんな支払いに追われている人ならともかく、お金に余裕があるからあれを買い、これを買い、と全部消費に回す人は少数派でしょう。もちろん、中にはすべてソシャゲのガチャに突っ込むという豪気な人もいるでしょうが。

お金に余裕があれば、貯蓄したり、株を始めとした金融商品に投資する割合が増えます。株を買った場合、消費税は掛かりませんね。投資をしても、「消費」さえしなければ消費税はかからないわけですから、金持ちからすれば消費税はとても節税しやすい。

不動産もそうですね。日本の場合、例えばマンションや一戸建ての住宅、つまり上物を購入したら、消費税がかかってきます（売主が個人だと消費税がかからないなど、例外はあります）。ところが土地取引を行う際には、基本的に消費税はかかりません。

日本の売上税は、「消費」税と呼ばれていることからわかるように、「消費」されるものに対してかけられることになっています。土地にしても有価証券にしても譲渡されることはあっても消費されないから、というのが理由ですが、お金に余裕がある人ほど、消費の対象ではないものを買って、資産を増やしやすくなります。

さらに同じモノを買う場合、お金持ちのほうがそうでない人よりもバーゲニングパワーが強い、つまり安く買うことができます。まとめてたくさん買うことで値引きを要求することもできますし、「お前のところで買わないで、他のところで買おうかなあ……」と思わせぶりな態度を取れば、相手も折れざるをえません。

消費税があるのは日本だけではありません。国によってGST（Goods & Services Tax）、VAT（Value-Added Tax）、Sales Taxなどと呼ばれ、よく見てみると細部の仕組みは異なっていますが、モノやサービスを購入する際に、モノやサービスの値段に上乗せして支払われるという点は共通しています。

消費税（に類した税制）は世界中で導入されており、一度導入されると税率が上がり続けるという傾向があります。これが世界的に金持ち有利な状況を生み出している、元凶の1つであることは疑いありません。

消費税は、税の最悪形態だと僕は考えています。消費しなければ節税できるということは、言い換えれば「消費に対する罰」として機能しているということ。モノやサービスを買うたび、消費者は政府に罰せられているのです。

消費税のようなバカげた税制を導入しておきながら、「プレミアムフライデー」といって消費を煽ろうとしている、どこかの政府もありますね。なぜ、消費を罰しておきながら、消費を煽ろうとするのか？

そんなにお金を使わせたいのであれば、消費税率を下げるではなく、いっそなしにしてしまえばいい。

ちなみに、19世紀の経済学者ジョン・スチュアート・ミルやアルフレッド・マーシャル、消費に対する税金としては支出税（Expenditure Tax）という仕組みを提案してきました。消費に対して税金を課すのであれば、消費税と同じじゃないかと思うかもしれませんが、「支出した額に応じて税額が決まる直接税」というところがポイント（消費税は、税金を納める納税者と税金を負担する担税者が異なる間接税）。支出額が多い人ほど税率を上げる累進課税もできる……と、いいことずくめのようですが、支出税を導入している国は現在世界のどこにもありません。

まず、「何をどれだけ買ったのかを政府に教える」問題が大きい。支出の中身を政府に教えるとなると、さすがに反発が大きそうですね。これに対して、エコノミストの門倉貴史氏は著書『ワーキングプア』（宝島新書）で、「消費額は、一定期間（通常は一年）の所得から貯蓄を控除することによって間接的に求める」という提案を行っています。

支出税の理念自体は僕も支持しますが、さすがに実現は難しいと言わざるをえません。

何しろいくら稼いだかだけでなく、いくら貯蓄したかまで政府に教えることになるわけですからね。

あなたは政府に、支出内容や貯蓄額を全部教える気になりますか？

いずれにせよ、（理想論的な支出税はともかくとして）消費税を増やすのはナンセンス。消費税を増やすよりは、所得税の累進性を高めたほうがずっとマシです。

消費税なしでは社会福祉のための財源を賄えない、まことしやかにそんな主張をする人もいますが、これは大嘘だと言い切っていいでしょう。

消費税が導入されるずっと前の１９７４年、所得税の最高税率は75％でした。この時は住民税が18％でしたから、合わせると課税所得の93％を税金で持っていかれたことになります。

いくら稼いでも税金でほとんど持っていかれるなら、稼げる人にとって不公平だ、そういう意見が経団連など財界を中心に起こりました。財界は政権に有形無形の圧力をかけて、所得税の累進性を減らそうとしたのです。

それ以降、日本政府は財界の御用聞きに成り果てました。

所得税の累進性を下げ、その代わりに消費税を導入する。消費税を導入したら、少しずつ税率を上げていった。

日本で消費税が導入された1980年代は、世界的に「トリクルダウン理論」が唱えられた時期でもあります。富める者が富めば貧しい者にも富が自然と行き渡る、というのがトリクルダウン理論です。

所得税の累進課税で金持ちをいじめすぎたから、もっと優遇して税金を減らし、そうすればトリクルダウンによってみんな豊かになると言われていましたが、はたして現実はどうだったか。結局、トリクルダウン理論が正しいことを示す証拠はありません。

逆に、2014年にOECDが発表したレポートでは、"Tackling inequality through tax and transfer policies does not harm growth"（税金と移転政策によって不平等に取り組むことは成長に害を及ぼさない）という、トリクルダウン理論を否定する結論が出されています。

今や日本の歳入に占める消費税の割合は、所得税を上回っています。消費税は、所得税よりもはるかに逆進性の高い、つまり貧乏人の負担が大きい税制です。国民が政府に対して支払うお金のうち、貧乏人の負担が増えているんですね。

日本よりも消費税率の割合が高い国はいくらでもあり、北欧などでは消費税率が25%にも達しています。これをもって日本の消費税率はまだまだ低いという人もいますが、この意見はちょっとおかしい。日本の消費税は、税率が「ようやく二桁パーセント」であるにもかかわらず、所得税を抜こうとしているのです。

なぜこんな奇妙なことが起こるのかと言えば、税制がきちんと設計されていないからに他なりません。

消費税以外の所得税や贈与税、相続税等々、税全体を俯瞰《ふかん》して、どういう税制が望ましいかを考えてこなかった。ひたすらお金持ちの負担を下げる方向にばかり進んでしまった。

消費税についてもう1つ指摘しておくならば、権利の問題があります。

日本国憲法によって、参政権は国民固有の権利となっており、外国人に参政権は認められていません。一方、やはり憲法によって納税は国民の義務となっています。

ちょっと歴史の話をすると、昔は「有権者＝納税者」でした。フランス革命など欧米各国で起こった市民革命によって、民主制への移行が急速に進みましたが、初期の選挙で投票する権利を持った「有権者」は、それなりの納税を行っている「納税者」に限られていたのです。やがてすべての成人が選挙権を行使できる普通選挙が世界的なスタンダードになっていき、納税の義務と、参政権という権利はある程度乖離《かいり》してはいます。

しかし消費税は、参政権がない未成年や外国人からも取るわけです。まったく日本に対して、権利を行使することができないにもかかわらず、納税の義務だけ負わされるのはいかがなものか？

消費税では、権利と義務の整合性もうまく取れていないのです。

なぜ同じ1円なのに税金が違うのか？

所得税は所得税で、たくさんの問題を抱えています。

最大の問題は、「所得に種類がありすぎる」ということ。所得税法では10種類（利子所得、配当所得、不動産所得、事業所得、給与所得、退職所得、山林所得、譲渡所得、一時所得、雑所得）の所得が定められています。これらに対する課税は、分離課税と総合課税があり、土地や借地権、建物等、株式等の譲渡、株式から得られる配当などは分離課税にできることになっています。分離課税では、税率は最大20数パーセント。一方、給与所得は分離課税を適用できず、総合課税では累進税率が適用され、実効税率は最大で40％以上にもなります。

頑張って働いて給料をもらう人に比べると、土地や株式などの資産を持っている人のほうが圧倒的に有利な仕組みになっているのです。

会社勤めをしている人は、自分で確定申告をする機会が少ないですから、所得に種類があるとか、分離課税と総合課税などと言われてもピンと来ないかもしれません。けれど、考えてみてください。労働の対価として手に入れた1円と、株式の配当から得られた1円も、本来は同じ1円のはずじゃないですか？　1円の所得に対して、税金をかけるのであれば、同じ額の税金をかけるべきでしょう。

経済学では、フローとストックという概念が用いられます。フローというのはお金の出入りのこと。給料をもらったり、モノを買うために支出したりするのはフローです。対するストックは、バランスシートのところでも説明した資産のこと。給料というフローを貯めれば、貯金という金融資産、ストックになると考えればわかりやすいでしょう。

今の税金は、ほとんどがフローにかかっている。その一方で、ストックを持っていて得られる不労所得に関しては、累進せず定率になっている。

ここはストックを持たざる者が、一番突っ込みを入れるべきところなんですよ。

投資や土地取引に税はかからないが、
モノや家を買うと消費税がかかる。同
じ1円でも、ストックを持たない者がた
くさん税を払うことになってしまう

社会保障と税金は一本化すべき

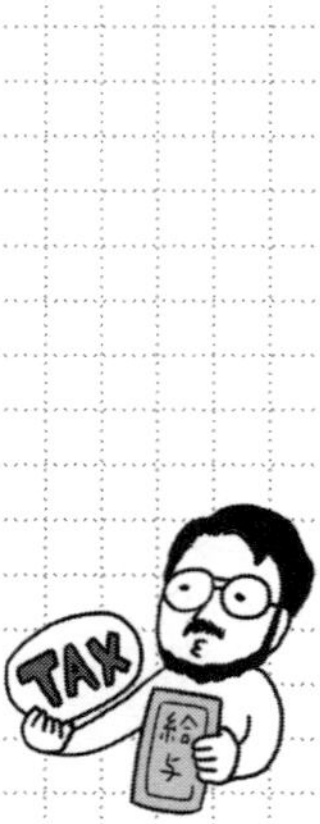

社会保障の財源のために、消費税を上げるべきと主張する人は少なくないですし、「社会保障のために上がるのは仕方ないか……」とあきらめている人も多いと思います。しかし、この財源というヤツが曲者なんですよ。

社会保障の財源となるお金を集めている官庁は、大きく2つあります。

1つは、財務省。財務省の外局である国税庁が、みなさんから税金を集める税務署を管轄しています。

もう1つが、厚生労働省。公的年金や公的医療保険などの保険料を集めているのが、この厚生労働省です。

実は、厚生労働省が集めているお金のほうが、財務省の集めているお金よりもずっと額が大きいのです[*15]。給与明細を見て、「年金や公的医療保険をがっつり取りやがって！」と怒る人もいるかと思いますが、その怒りはまだまだ甘い！

公的年金や公的医療保険などの保険料には、累進どころか、天井があるんですね。お金持ちにとってこうした保険料など、たかが知れた額にすぎません。

もし、財務省の扱っている税金と、厚生労働省の扱っている年金や健康保険の保険料を一本化できたらどうでしょう？

所得税を累進させて、お金持ちから社会保障のためのお金をもっと取ることができるわけです。

「社会保障の財源は、乾いた雑巾を絞るようなもの」という政治家や官僚がいるじゃないですか。そこに乾いた雑巾しかないのであれば確かにその通りでしょう。

でも、今は「乾いた雑巾のそばに、でっかい湖があるじゃん！」という状況なんです。

野党のみなさんは、税の一本化を主張すればいいのに、なんで共産党すら言わないのでしょうか？

社会保障の財源を財務省と厚生労働省が別々に集めるのは効率が悪いだけではありません。税金を免除されている低所得世帯ですら、公的年金や公的医療保険からは逃れられません。結果的に、支援を必要とする貧困世帯ほど、社会保障の負担が高くなってしまっているのです。

ふるさと納税という愚策

住民税に関しても、大きな問題があります。

日本におけるバブル崩壊後の施策で、ワーストワンはここまで説明してきた消費税の導入ですが、その次にひどいのが「ふるさと納税」です。

ふるさと納税を実際にやってみたことがある人は、「すごくお得な制度だなあ」と感じたことでしょう。普通なら、問答無用で自分の住んでいる自治体に住民税を取られるのに、納税先を自分で選べて素敵な返礼品までもらえてしまう。

ふるさと納税は納税と言いつつ、個人住民税の寄付金制度が元になっています。寄付金が所得税・住民税の控除の対象になるのですが、寄付金に応じた「返礼品」を送る自治体が増えてきて、自治体間の高額返礼品合戦になってきました。特産品とはまったく関係のない、電子機器やギフト券を返礼する自治体も出てきて、何でもありの状態になっています。

お得だと感じつつ、「ギフト券を送るのはさすがに反則だよ」と思う人もいるでしょう。でも、ふるさと納税の問題点は、そういうことではないのです。

そもそも論で考えてみましょう。憲法にも書かれているように、**なぜ私たちは納税しなければならないのか？**

税金の意味とは、みんなのお金をまとめて運用することにあるんですね。先にもお金持ちはバーゲニングパワーが強いと書きましたが、お金というのは集まれば集まるほど、強い力を持つようになり、大きなことができるようになります。

例えば、1万人がそれぞれ100万円持っていたとしましょう。各人が自分の好きなように100万円を使うことはできるけど、買えるのは100万円以内のモノだけです。だけど、1万人の100万円を1つに集めれば、100億円になります。道路を整備したり学校を作ったり、そんな大きなことができるんですね。

ふるさと納税というのは、まとめて大きくできるはずだったお金をわざわざ細かく分割してしまう行為なのです。

以前、「総額1億円、100人に100万円をプレゼント」の企画をツイッター上で行ったアパレル企業の社長がいました。この企画は賛否両論を呼びましたが、企画の是非を云々するつもりはありません。1億円をどうしようと個人の勝手です。しかし、1億円というお金を100万円にして配るのは、お金持ちの道楽だからよいのであって、普通はその逆をしなければいけません。

また、税金なのに返礼品という仕組みが認められているのはいったい何なのか。これははたして自治体の本来の業務と言えるのか疑問です。余計な仕事を増やしているわけですよね。

「地方にはインフラを整備するお金がないから、自分で集めなければしょうがない」という意見もあるでしょう。

けれど、どんなインフラをどこに作るのか、その配分をこれまで国も地方も真剣に考えてきたとは言えません。例えば空港にしても、隣の県に空港ができたら、どの県も「うちにも空港を!」と同じモノを欲しがりました。本来であれば、「空港は別の県に譲るから、その代わりに空港までの高速道路を整備して」といった具合に、トレードオフを行うべきだったんですね。そうすれば、地域に大きな空港を1つ作り、高速道路その他のインフラもまとめて整備して、地域全体を活性化させることもできたでしょう。実際には、誰も使わない中途半端な小さな空港がたくさんできてしまいました。

「うちにはこのインフラはいりません」と言い切れる自治体は本当に少ない。

それができた稀有な例の1つは、由布院《ゆふいん》温泉で有名な大分の由布《ゆふ》市です。『由布院の小さな奇跡』(木谷文弘著、新潮新書)によれば、「生活観光地」を目指す由布市では民間主導での「由布院温泉発展策」の施策に集中する代わり、戦後の電力不足に対応する電源開発のダム建設計画を断念しました。その結果、市の財政は健全化し、公共サービスに対する市民の満足度も上がりました。

「でも」と思われるかもしれません。地方では高齢化、人口流出が進んでいるのだから、インフラ整備や公共サービスにしても、地方だけではやっていけない。国の補助金やふるさと納税といった仕組みで、地方にお金を回さないといけないんじゃないの、と。

ここでも、「そもそも論」に戻って考えましょう。

そもそも、地方にお金を割り振る必要があるのでしょうか?

ある地域から人がいなくなれば、税収は減り、寂《さび》れていく。その流れ自体はどうしようもないことだし、正しいことなんですよ。

人がいないのであれば、自治体やインフラの規模も縮小して、コンパクトにしていけばいい。もちろん、その地域が寂れていく過程において、人が傷ついたり、死んだりするような事態が起こるのは問題です。そのためには、きちんと「撤退戦」をしないといけない。華々しく新しいプロジェクトを進めるのとは違い、撤退戦の担当はあまり人気がありません。だからこそ、撤退戦がちゃんとできるのはすごいことです。

例えば、北海道の夕張市は多額の財政赤字を抱えて、２００６年に財政破綻しました。その後、同市は経費削減を徹底し、財政の健全化を進めています。公共サービスは低下して、市民の負担も増えるのですから、人口流出は止まりません。しかし酷な言い方になりますが、夕張市はきちんと撤退戦を行っているのです。

ここで「地方振興」と言って、国が自治体にお金を回すのは愚策です。国が支援すべきは、自治体という仕組みではなく、あくまでも「人」なんですね。医療サービスが低下して苦しんでいる人がいるというのであれば、よりよいサービスを受けられる地域へ移れるように支援するなど、人にフォーカスした施策を採るべきでしょう。

ついでに言っておくと、トップダウンによる地方振興はまずうまくいかないものです。ある地域に人が集まり、都会になっていく。その過程は、国や自治体がどうにかしようとしてコントロールできるものではありません。

都会は、どうやって都会になっていくのでしょうか？

地理的、歴史的な条件だったり、たまたまタイミングがよかったりと、理由は何だかんだと後付けできるでしょうが、まず人が自然と集まること。たくさんの人が集まって、好き勝手に商売を始めたりしているうちに、「何だかあそこには面白いことがあるぞ、面白いヤツらがいるぞ、お金も集まっているらしいぞ」という評判が高まってくる。そうなると、さらにたくさんの人がその地域に引き寄せられることになり、都会が生まれるのです。

トップダウンで地方に無理矢理お金を流し込んでも、うまくいくわけがない。むしろ、人が集まってきている都会の足を引っ張ることになってしまいます。

この意味で、増田寛也元総務大臣が2007年に作った、地方交付税歳出特別枠はひどかった。

増田元総務大臣は、石原慎太郎元都知事を上回る金銭的被害を東京に与えた数少ない人と言えます。石原元都知事は銀行税を創設しようとし、逆に銀行に訴えられて敗訴。納付済みの税金に利子を付けて銀行に返す羽目になりました。その後、新銀行東京でも1500億円の損失を出しています。

しかし、増田元総務大臣はこの損害をはるかに上回ります。地方交付税特別枠によって、東京から他の県に流れてしまった税金は、7年で1兆円にも上ります。たくさんの人が東京に集まってきているのですから、その人たちにインフラやサービスを提供するためにお金を使うべきではないでしょうか？

一極集中はさすがに災害等のリスクを考えるとまずいですが、基本的に都市に人口を集中させるのはいいことなんですよ。

日本政府は、お金の出入りを管理できていない

ここまで説明してきたように、日本では税金を集めて、分配することがうまくできていません。というより、お金の出入りをうまく管理できていないと言ったほうがいいでしょう。

日本の一般会計総額は、２０１９年度（平成31年度）に１００兆円を超えました。

歳入、つまり国に入ってくるお金は、税収が62兆４９５０億円、その他収入が６兆３０１６億円、新規国債発行額が32兆６５９８億円となっています。

一方、歳出は、国債費が23兆５０８２億円、地方交付税交付金が15兆９８５０億円、社会保障費が34兆５８７億円、公共事業費が６兆９０９９億円、文教科学費が５兆６０２５億円、防衛費が５兆２５７４億円と続きます。

ややこしいことに、日本の会計はこれだけではないんですね。一般会計とは別立てで特別会計というものがあり、実はこちらのほうがはるかに規模が大きいのです。

2019年度の場合、特別会計の歳出総額は389・5兆円[*16]。一般会計と重複している項目もあるので、これらを除外してカウントしても197兆円にもなります。

一般会計が100兆円を超えたとかなんとか議論になっている以前に、圧倒的に額の大きな特別会計は大した話題にもなっていません。一般会計と特別会計は複雑に入り組んでいるのですが、年金保険料などは基本的に特別会計の歳入となっています。

ちなみに、日本の公的年金は、積立方式ではないことにも注意が必要です。年金保険料を自分のための積立だと思っている人もいるでしょうが、全額が積み立てられているわけではありません。払われた保険料のほとんどは、そのまま受給者への給付金に当てられている。

国民からすると自分たちが税金や保険料をいくら払っており、そうして集められたお金が何にどうやって支払われているのかが、非常にわかりづらい仕組みになっています。

お金を集める官庁も、財務省と厚生労働省に分かれており、なおかつMECE（ミーシー：Mutually Exclusive and Collectively Exhaustive）になっていない。MECEという

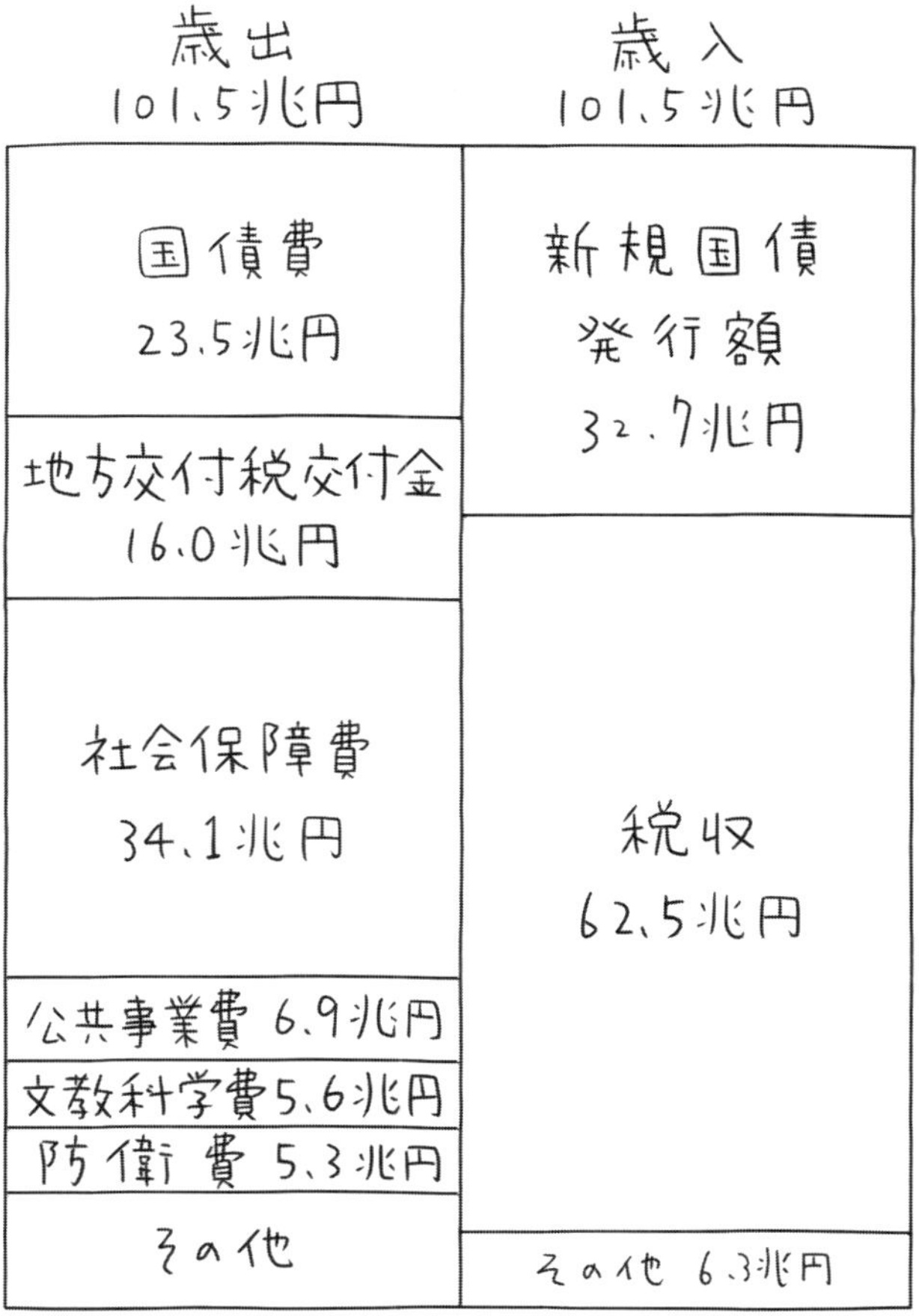

日本の一般会計総額　2019年度（財務省ホームページ「平成31年度予算のポイント」）参照

のはコンサルタント業界でよく使われる用語ですが、「重複なく・漏れなく」カバーするということ。

ＭＥＣＥになっていないというのは、財務省と厚生労働省の集めるお金に、重複や漏れがあるということです。健康保険や年金の保険料は財務省を通っていませんが、こうした保険料として集めたお金を配ることに関しては財務省も大きく関わっている。お金を集める省庁が、どうやって配るのかも差配していては、合理的な配分が行えるわけがありません。


特に、財務省にはお金を配るセンスがまったくない。連中が「節約しろ！」といった分野に関しては、本当にろくでもない結果にしかなっていません。

最たるものが高等教育でしょう。

教育施策に関わるのは文部科学省ですが、財務省の出してきたバカな案を文部科学省が飲んでしまった。国立大学は独立行政法人になり、若手の研究者が安定して研究に打ち込める環境が壊れてしまった。若手研究者が疲弊してしまったことで、画期的な研究成果も生まれにくくなっている。２０１７年8月、科学論文誌『ネイチャー』は、“Budget cuts fuel frustration among Japan’s academics”（予算削減が日本の研究者のフラストレーションを煽る）という特集記事を掲載。日本の科学力が失速していることを指摘しました。財務省の官僚は、自分たちが扱っているお金のことを何もわかっていない、ということがよくわかります。

財務省の方々は、日本政府のことは気にかけていますが、日本国民のことは全然気にもかけていない。科学力が衰退しただけでなく、その他の分野でも不安定な非正規雇用が増えました。財務省にとって日本というのは、国民ではなく、政府のことなんでしょう。

国が集めるお金については、「歳入庁」とでも言うべき、専門の官庁が扱うべきなのです。日本の財政規模を考慮すると、歳入庁というより、「歳入省」になるかもしれませんが。

歳入省が税金も社会保障関連の保険料も全部まとめて、それを分配すればいい。こうすれば、日本という国全体のお金の出入りがすっきりして、制度も単純化できますから「消えた年金」問題などのミスも少なくなるはずなんですね。

歳入庁あるいは歳入省の構想は、昔から多くの人が提案してきました。また、2012年には政府が検討を開始したというニュースも流れましたが[*17]、実現する気配は一向に見られません。

厄介なことに、「財務省を解体して歳入省を作れ」などと官僚が主張することは無理です。議会制民主主義を取っている日本において、こうした改革は国民によって公選された人でないとできないからです。

財務省官僚にはお金を扱うセンスがありませんが、彼らはある意味自分たちのできる範囲でベストを尽くしているとも言えます。

官僚を、政府という仕組み、システムを操作するユーザーと見なせば、彼らはあくまで「一般ユーザー」でしかありません。システム自体の設定をいじったり、新しい機能を付け加えたりする権限はないのです。システムに変更を加える権限を持つのは、公選された「スーパーユーザー」だけ。つまり、選挙で当選した国会議員でないと大きな改革を行うことができません。

そして、そのスーパーユーザーを選ぶ権限を持つのは、投票する権利を持つ有権者なんですね。

日本は、不労所得で食っている国だった！

日本はものすごい額の借金を抱えている、そんな話を聞いたことがあるかもしれません。2018年に財務省が発表したところによれば、国債や借入金、政府短期証券を合わせた「国の借金」の残高は2018年3月末時点で1087兆8130億円。日経新聞の記事では、「国民1人当たり約859万円の借金を抱えていることになる」と書かれています。[*18]

「日本にはお金がないんだ。国がこんなに借金を抱えていては、社会保障なんてひどくなる一方だ……」と思われたでしょうか。

しかし、この数字はそのまま鵜呑みにはできません。数字が嘘だというのではなく、借金だけを取り上げても意味がないからです。

バランスシートの章で解説したように、資産とは自分のお金と人から借りてきたお金を合わせたもの。
「100万円の借金がある」とだけ言われたら「大変だ」と思うかもしれませんが、「実は1000万円の貯金がある」と言われたら、どうということはないでしょう？

日本の一般会計、特別会計というのも、お金の出入りだけを表しているだけで、「いくら資産があるのか」「そのうち借金がいくらなのか」は表していません。

国の財政をバランスシートを使って診断しようという動きは、世界的にも進んでいます。2018年10月にIMFが発表したレポートでは、*19 各国政府（中央銀行や政府関連機関も含む広義の政府）がどれだけの資産を持っているのか、どれだけ借金しているのかを分析しています。

国のバランスシートをどう作るのかについては、さまざまな計算方法があるため一概には言えませんが、日本の国富はだいたい5000兆円から6000兆円の間と言われています。バランスシート左側の資産が5000兆～6000兆円。右上に来る有利子負債が1000兆円。

国と企業では単純な比較はできませんが、財務が健全な製造業の企業の場合、自己資本比率はだいたい3割です。自己資本が3000億円の会社なら、7000億円くらい借金

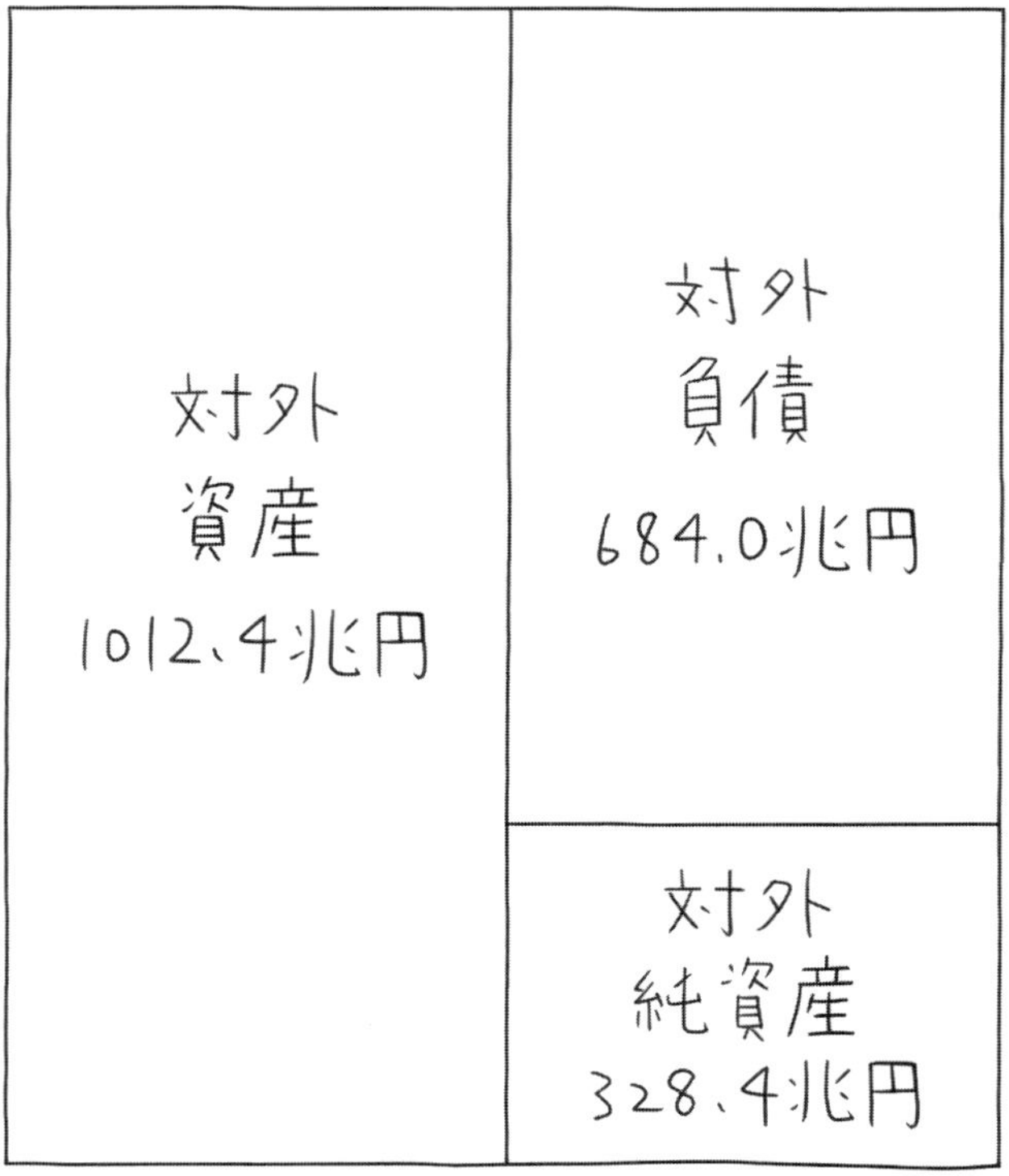

外国に328兆円も投資している日本のバランスシートは意外と健全

しても大丈夫ということになります。

そうやって見ると、意外に日本のバランスシートは健全だと思えてきませんか？

また、財務省が発表（２０１８年5月25日）している対外資産・負債残高にも興味深いデータが載っています。

政府や企業、個人が海外に保有している対外資産残高は、１０１２兆４３１０億円。この対外資産は、どれだけ海外にお金を投資しているのかを示しています。一方、海外から日本にどれだけ投資されているか（日本がどれだけ借金しているか）を示す対外負債残高は６８３兆９８４０億円。対外資産残高から対外負債残高を引いた対外純資産残高は、３２８兆４４７０億円になります。何と27年間連続で「世界最大の対外債権国」です。

日本は高齢化が進んでいるということもあって日本国内に対する投資は難しくなっていますが、海外に莫大な投資をしている。**日本という国全体で見ると、世界中にお金を貸しまくって、そこからの「アガリ」を得ている、不労所得で食べている国になっているんですね。**

日本にはお金がないのではありません。国全体は十分な資産を持っていて、そこから得られる配当や利息で暮らしている大金持ちなのに、国民にうまくお金を分配することができていないだけ。

日本の「失われた30年」とは、結局のところ、この再分配の失敗に尽きると僕は考えています。

上手に分配できていたら、もっと日本は楽しく暮らせる国になっていた

2020年のコロナウイルスショックでは、多くの会社が休業を要請され、外出の自粛が呼びかけられました。生活資金に困る人も相次ぎ、現金給付を求める声が高まって、とうとう政府も国民全員に一律10万円の現金給付をすることを認めざるをえなくなりました。当初、政府は「財政を健全化」するためと言って、現金給付をひたすら渋り続けていました。国民全員に10万円配ったりしたら合計12兆円。これだけ多額のお金を配るためには国債を発行、つまり借金してお金を調達しなければなりません。政府が国債を発行して、それを中央銀行である日銀が引き受けて紙幣を発行すれば、市中に流れるお金の総量を増やすことができます。

けれど、そうやって無制限に国債を発行して、紙幣を発行して……ということを繰り返しているとインフレになる。つまり、日本円の価値がどんどん下がっていってしまう。こ

れまで1000円で買えたモノが、200円、300円余分に出さないと買えなくなってしまうのは困るでしょ、というのが政府の言い分です。

この言い分は正しいのでしょうか？

先ほども述べたように、日本の借金は全部で1000兆円くらい。国債を12兆円発行しても、**借金が1％ほど増えるだけです。**

また、経済は緩いインフレ状態にあることが健全だとされています。お金を借りて事業に投資を行い、儲けようという人がいるからこそ、経済は成長していくわけですから。先進国の場合2％くらいのインフレ率がよいとされているのですが、デフレ状態の日本は2％のインフレ率を目指しながら、この四半世紀の間、一度も達成できていません。12兆円分国債を発行して借金したところで、インフレも引き起こせません。

現金給付を一度で終わらせず、毎月10万円の現金を1年間国民全員に配ったとしたら、全部で120兆円。ものすごい額のように思えるかもしれませんが、厚労省が社会保険料として1年間に集めているお金がだいたいそれくらいです。

それに日本は借金をしているだけでなく、借金の返済も同時に行っているわけですが、今は有史以来と言ってもいい低金利時代。何をやっても金利が上がらなくて、銀行が困っているほどです。

海外にたくさん投資をしていて、そこからの配当もある。低金利で借金はしているけど、きちんと返済している。なかなか日本はしっかりやっているじゃないですか。

5000兆～6000兆円の国富がある日本の場合、2000兆円くらいまでは借金しても財政はまったく傾かないと僕は見ています。

正直に告白しておくと、僕は日本政府や財界のバカな方針によって、得をした側の人間です。資産運用をして得た利益についてたくさん税金を払いましたが、「額に汗して働いて得た給料」にかかる税率に比べればずっと低い。

僕は得をしましたが、日本全体はそんなに得をしていません。労働者の給料はずっと横ばいのままだし、道路などのインフラ整備も予定よりずっと遅れている。C2こと首都高中央環状線も予定より20年も遅れてようやく完成しました。公的機関から直接仕事を請け負っている土木建設業ですら、このありさまです。

科学研究にお金がつぎ込まれないから、画期的な新しい発見や発明も生まれにくくなっているし、公教育に予算がつかないから子育て世代の負担は増え続けている。

お金の分配さえ上手にできていたら、みんなもっと楽に楽しく暮らせていたかもしれない。「ありえた豊かな可能性」を、私たちは失ってしまったのです。

なぜあなたのところにお金が回ってこないのか？

日本はすでに不労所得で食べているお金持ちの国です。

こう聞いたら、「何もしないでお金が入ってくる人もいるのに、どうして自分のところには全然お金が回ってこないんだ！」と文句を言いたくなることでしょう。

なぜあなたのところにお金が回ってこないか。その理由は簡単です。

不労所得を得ている人たちと、あなたの違いは、金の卵を産むガチョウを持っているかどうかなんですね。**お金が入ってこないと嘆くあなたは、ガチョウを持っていない。**

金の卵を産むガチョウにはいろんな種類があります。不動産でもいいし、会社の株式でもいい。放っておいても、ちゃりんちゃりんとお金を生み出してくれるものは、すべて金の卵を産むガチョウです。

場合によっては、このガチョウは楽曲やマンガ、動画だったり、機械だったり、コンピュータプログラムだったりするかもしれません。人気の楽曲ならカラオケで歌われたり、アップル・ミュージックなどのストリーミングサービスで再生されるたびにお金が儲かります。放っておくだけで、自動的にどんどん製品を生み出してくれる機械を持っていたら、(そしてその製品を買ってもらえるなら)やはり儲けが出ます。

プログラムもそうですね。みんなが使いたいと思うウェブサービスを作り、そこで課金したり広告を貼っておいたりすれば、やはりお金が入ってくることになります。

会社という仕組みは、まさにこうしたガチョウの1つです。株主というのは、このガチョウを所有する権利を持っている人ということになります。

株主からガチョウの世話を任された経営者は、ガチョウがよい卵をたくさん産むように小屋をきれいにしたり、栄養のあるエサを与えるわけです。価値ある卵を産むのはガチョウであり、所有者は何もしていませんが、利益を得るのは所有者です。

逆に言えば、ガチョウのオーナーシップを持っていない限り、楽にはなれないし、豊かにはなれないということでもあります。こう聞けば、「何だかそれは不公平じゃないか、自分で働け！」と思うかもしれません。

では、こう考えてみてはいかがでしょう。

かつて、私たち人間は自分自身の身体と知恵で、さまざまなモンスターたちと戦っていました。マンモスを狩るのも命がけです。判断を間違えたり、運が悪ければ死んでしまいます。

だけど、今はありがたいことに、私たちの代わりに戦ってくれるいろんなポケモンがいるんですね。ポケモンマスターになってポケモンに戦ってもらえばいい。ポケモンマスターであることは別に卑怯なことではないでしょう？　サトシが自分で戦ったところで、強力なモンスターに勝てるわけがないじゃないですか。

問題はオーナーシップの過剰な集中にある

ポケモンマスターになって代わりにポケモンに戦ってもらうのも、ガチョウの産んだ金の卵で儲けるのも何も悪いことではありません。

問題は、ポケモンやガチョウといった仕組みを所有することではなくて、その所有権、オーナーシップが過度に集中していることなんですよ。

「土地や会社の所有権は、それを苦労して得た人の権利じゃないの？」

では、アラブの石油王はどうでしょう？　彼らがオーナーシップを持っている油田も、「たまたまそこにあっただけ」にすぎません。油田の所有権はいったいどうやって保障されているのでしょうか？

突き詰めれば、昔からそこに住み着いていて、「あそこの土地はあの人たちのもの」ということを力によって周りに認めさせてきただけとも言えます。物理法則によって、所有権が成り立っているわけでもなんでもない。

石油王が気に食わないというのなら、力で油田を手に入れることだって可能なわけです。実際、これまでにも油田などの利権を巡って何度も戦争が起きています。

その観点からすると、イラクのサダム・フセインがサウジアラビアに侵攻しなかったのは今でもけっこう不思議ですね。

1990年の湾岸戦争でイラクはクウェートに侵攻しましたが、これはつまりサダム・フセインがクウェートという国が持つ権利を認めなかったということ。その一方で、サウジアラビアは国として認めていたわけです。傍《はた》から見ていると、サウジアラビアよりもクウェートのほうがはるかに近代国家としての体裁は整っているんですけどね。歴史にifは禁物ですが、「イスラム法に則《のっと》って、アラビア半島の石油はみんなのものだ!」とサダム・フセインが主張していたら、イスラム諸国はイラク支持に回った可能性もあったのではないでしょうか。

もちろん、現実にはアメリカや日本を始め、先進国のほとんどが、サウジアラビアの持つ利権を認めていて、「なぜ彼らがその油田の所有権を持つのか?」なんてことを問うたりはしませんが。

何も僕は、世の中に存在する（と僕たちが信じ込んでいる）オーナーシップをすべて否定しようというのではありません。国家によってオーナーシップが保障されているからこそ、社会には秩序があって安心して暮らすことができているのは間違いない。自分の所有物が明日にでも誰かに奪われるのではないかとビクビクして暮らすのは大変です。何より、所有権という幻想によって僕たちはずいぶん勤勉にもなりました。

狩猟採取の時代は、所有権の考え方がそれほど一般的だったとは思えません。みんなで協力して獲物を仕留めたり、木の実を集めたりしているのに、「これは俺のものだ」と独り占めにはできないでしょう。

やはり農耕の普及は、所有権という幻想の形成に大きな影響を与えたはずです。定住して「俺の土地」を所有することができれば、そこから得られる農作物や資源などのアガリを「俺のモノ」にできる。俺のモノを得るために知恵を絞り、その結果として文明も大きく進歩してきたのは確かでしょう。

だけど、所有権が集中しすぎているのは、やはりまずい。特にそれが、「あまりお金を使わないお金持ち」に集中しているのは問題です。

例えば、日本では不動産や会社といった資産の所有権の85％は、65歳以上の人に集中しています。当然のことながら、65歳以上だからといって皆が皆、お金持ちではありません。持たざる高齢者もいれば、持てる高齢者もいます。

持たざる高齢者もきちんと生きていけるよう、生活保護などの社会保障によって救済しなければなりませんが、そうなるといずれにしても現役世代の稼いだお金は高齢者のところに流れていかざるをえない。

さらに、デジタル技術の発達が所有権の集中に拍車をかけています。

普通の「モノ」というのは、使うと減りますよね。田んぼから穫れるお米は食べればなくなりますし、油田から湧いた石油にしても燃やせばなくなります。工場で作ったプラスチックのおもちゃにしても、いずれ壊れてゴミになるでしょう。

仕組みを使うことで、材料というモノを別の製品というモノに変換することができますが、そうして作られたモノはあくまでも物理的な存在です。作るにもコストがかかりますし、輸送したり保管しておくにもコストがかかる。プラスチック製品がいくら工場で簡単に作れるからと言って、何も考えずに作りたい放題に作ったら在庫の山ができてしまって、大損してしまうことだってありえます。

しかし、抽象的な権利だとか、デジタル技術によって生み出されるデータといったもの――ここでは「コト」ということにしましょう――は、リアルなモノとはだいぶ性質が違います。

コトは使っても減らないんですね。ネットで配信される音楽をユーザーがどれだけ聴こうが、映画を観ようが、書籍を読もうが、在庫はまったくなくなりません。特許権や著作権のような権利も、(有効な期間が決められていることはありますが)使ったらなくなるわけではない。

デジタルのコンテンツや抽象的な権利のコトを作るために、リアルなモノやお金も必要です。しかし、リアルなモノを別のモノに変換したり保管したりすることに比べれば、コトのコストは圧倒的に低い。コトを作ったり流通させたりする仕組みの所有者には、お金が流れ込みやすいことがおわかりでしょう。

賃上げ要求は、金持ちの思うつぼ

モノやコトを生み出す資産を所有していると、お金が流れ込んでくる。そうでなければ、豊かにはなれない。これが今の世の中のルールです。

では、そんな素敵な資産を持っていない人は、どうすればいいのか?

そう問われた時、99%の人はついつい「もっと給料を上げろ」とか「休みを増やせ」と要求してしまうんですね。違うんです。

はっきり言って、資産から得られる旨味に比べたら、給料の多少の違いなんて屁みたいなもの。給料を上げなくちゃいけないと思っている時点で、あなたは負けているのです。

正解は、「オレにも所有権をよこせ！」

そんな要求はとんでもないことだと思いますか？　他人の所有権をよこせと要求するのは無法者でしょうか？

だけど、資産家の間では、所有権を譲渡することなんてごく当たり前のように行われています。元首相の鳩山由紀夫氏、元法務大臣の鳩山邦夫氏らの兄弟は、（ブリヂストン創業者の娘である）母親からブリヂストン株などを相続しましたが、株の配当金だけでも普通の人が遊んで暮らせるだけのお金が入ってくるわけです。

別に、鳩山一家を非難しろと言っているのではありません。お金持ちを妬《ねた》んでも、あなたにプラスになることは何もない。

そうではなくて、もっと素直に「俺も鳩山家みたいな生活をしたいなあ！」と言えばいい。「俺にもブリヂストン株をよこせ！」と要求すればいいのです。

株や不動産などの資産をもらった経験のある人は、多数派ではないでしょう。やはり人間は自分の経験していないことは、なかなか理解できない。**働かなくてもお金が入ってくるなんてことはなかなか信じられない、自分には無関係のことだと思っている。**

「こんなに一所懸命仕事しているのに、俺の時給こんなにショボいんだ」と言っている場合じゃない。

「労働時間はゼロだけど、利権を独占するな！」でいいんです。

労働者は分断されて、各個撃破された

富の再分配についての議論になると、雇用がどうとか、賃金がどうとかという議論が必ずセットになっています。だけど、富の再分配と雇用は本来別々の議論のはずなのです。「所有権を過剰に独占せず、分配せよ」という主張には、もっと多くの労働者が気づくべきなのですが、なかなかみんな気づけない。

これには、労働者が「各個撃破」されてしまったことも大いに影響しているのでしょうね。

19世紀末から20世紀には各国で労働組合が結成され、賃上げや労働環境の改善を要求するストが頻繁に行われました。賃上げ要求は筋が悪いというのは先述した通りですし、共産主義には無理がありました。全員が公務員で、仕事のできるヤツもできないヤツも同じ賃金しかもらえないのなら誰も生産的な仕事をするはずがない。ソ連はそれで崩壊したようなものです。とはいえ、少なくともかつての労働者は団結して交渉に当たることができていた。

しかし、日本に限らず、労働組合の組織率は低くなる一方です。労働組合は業種別、会社別に分かれて弱体化し、今や労働組合があるのは、福利厚生の整った大企業だけという皮肉な状況になってしまっている。時代が進むにつれ、手紙、電話、ファクス、電子メール、ソーシャルメディアと、コミュニケーション手段は多様になっているのに、労働組合同士の横のつながりは、逆に疎遠になっているのは不思議なことです。

個人が組織と交渉したい時は一人で主張してもダメで、大勢と結託しなければなりません。ところが、「万国の労働者よ団結せよ！」どころか、「万国の労働者を各個撃破せよ！」になってしまいました。

労働組合自体も、一種の利権になっている面があります。

ウォシャウスキー兄弟（現在は2人とも性転換して姉妹）の監督した映画『マトリックス』を観たことがあるでしょうか？　主人公たちの組織はコンピュータの支配に対して抵抗していますが、内部の裏切り者によってピンチに追いこまれます。目障りな組織を骨抜きにするには、その内部にいる人間に鼻薬を嗅がせて、裏切り者に仕立て上げるのが一番効率がいい。日本の労働組合の偉い人は、なんだかんだ言って経営者側に鼻薬を嗅がされていますね。

労働者の立場としては、「労働組合の幹部なのに、経営側に懐柔されるなんて腐っている！」と言いたいでしょうが、その考え方がまさに経営側に付け込まれる所以《ゆえん》です。

経営側が労働組合幹部に鼻薬を嗅がせようとするなら、労働者側もそれに負けない鼻薬を用意しないといけない。

どんな鼻薬ですかって？

お金に決まっているじゃないですか！

労働組合幹部の報酬が億単位なら、絶対に死に物狂いで労働者のために闘ってくれますよ。

労働組合の組合員は、幹部も含めて組合全体を「俺たち」だと思っているかもしれません。俺たち労働者の側にいるのだから、全員が同じくらい清廉潔白であるべきだと考えてしまう。そうではなく、労働者である自分たちのエージェント（代理人）を雇うのだ、そう考えるべきなのです。「労働者」と同程度の報酬しかもらっていない人たちが、労働者のために本気で闘ってくれるわけがありません。

僕が見るに、ほとんどの労働組合は抵抗のやり方が下手ですね。例えば、永田町に自分たちの仲間を送り込んでいる労働組合はどのくらいあるでしょうか？

政治団体を作り、自分たちの言うことを聞いてくれる国会議員を永田町に送り込み、ロビーイング活動をする。そうやって自分たちにとって有利な法案を作っていくのです。

経営側は、自分たちの仲間をたくさん永田町に送り込んでいますよ。政治家のパーティ券を買っているのは、持てる者たちです。自民党政権になろうが、別の政党が政権を取ろうがそれは変わらない。

労働者はわざわざ政治家のパーティ券を買ったりしませんが、権利のために闘うには、こういうレベルから始めないといけない。

ロビーイングに必要なお金はいったいいくらなのか、誰を雇えばいいのか、どうやってお金を集めればいいのか。

これが現代における、労働運動です。

労働者のほとんどは労働運動になど興味はないでしょう。会社の業務さえやっていれば、あとは会社や政府が良きに計らってくれると思っている。

こういう言い方は酷ですが、労働者のみなさんは、政治を舐《な》めていたツケを今、支払わされているのです。

派遣法改正はクソだった

労働者が政治に無関心だったせいもあって、政治は経営側、持てる側に有利な方向へ極端に寄ってしまいました。
その最たるものが、2004年に行われた労働者派遣法（派遣法）の改正です。
1986年に施行された派遣法では、「一部の特筆すべき技能を有する業務」について、人材派遣会社から人材を派遣できるようになりました。当初は、13の業務が対象でしたが、その後改正を経て16、26と対象業務は拡大。このあたりだと、派遣されるのはホワイトカラー・エグゼンプションの対象になるような人、高給を取るエキスパートでした。同一労働同一賃金どころか、本来であれば、非正規のほうが高くなければいけないわけですよ。
ところが、2004年には製造業務での派遣が解禁されて、非正規雇用が一挙に増加し始めます。経営側としては願ってもない話です。人手がいる時に雇い、いらなくなったら雇うのをやめることがとても簡単になりました。その結果、今では非正規雇用の割合が4割近くにまで高まっています。安い賃金で不安定な立場に置かれる人が増えてきた。

深刻なのは、労働者が分断され、正規雇用、非正規雇用に分かれたことでしょう。会社の言うがままに働く人間のことを「社畜」と言いますが、社畜にはまだその会社に属している、正規雇用された従業員というイメージがあります。派遣法の改正によって、さらにその下の身分ができてしまった。

みんな自分のことが一番かわいいですから権利を確保しようとするのは当然ですが、「自分」の範囲が極端に狭まってしまった。労働組合がある会社であっても、組合員になれるのは正社員だけ。賃金アップや職場環境の改善にあずかれるのは、「自分たち正社員」の特権というわけです。

ささやかな特権を与えられた正規雇用の社員は、今まで以上に会社の言うことを聞かざるをえなくなります。長時間の残業を断りにくくなり、社内に長時間いた人間ほど昇進することになる。そうやって苦労して昇進した人たちは、より強く苦労できるヤツというのを引き上げるという、負のスパイラルができてしまいます。

同じ成果を上げるのであれば、社内で働いている時間の少ない社員のほうを引き上げないといけないのですが。そういうスパイラルが続くと、24時間戦える脳筋が経営陣に入って、社長になってしまったりする。

労働者の分断に多大な功績をした最大の功労者は、小泉内閣で経済財政政策担当大臣を務めた、竹中平蔵氏でしょう。これに関しては、戦犯が誰なのかをきっちりさせておくべきです。

竹中平蔵氏は経済財政諮問会議のメンバーとして、小泉内閣の経済政策に大きな影響力を振るいました。というより、竹中氏が小泉首相に登用されて以来、彼の意見がリジェクトされたことはありません。日本の政界はずっと竹中氏の言う通りにしてきたといっても過言ではないでしょう。

その結果が今の日本です。

この間、諸外国、特に中国と比べて、日本は成長したでしょうか？

もう結果は出てるじゃないですか。これ以上ない形で。

日本の人材派遣会社は何が問題なのか？

人材派遣会社から、人材を派遣すること自体は、問題ないと僕は考えています。会社としては人材派遣業があるおかげで、社内にはいない人材をスムーズに調達して事業を進められる。事業が思わしくない時は、派遣をやめてコストを削減できる。

問題は、いくら払うかです。

社内で抱えている正規雇用の社員と、非正規雇用、両者にまったく同じ仕事を頼む場合、本来であれば後者のほうにより多く払われなければなりません。会社は、不要になった時にすぐ解雇できるオプションを得ているわけですからね。その分、賃金の上乗せが必要です。

この理屈は自分がサービスやモノを買う側になってみればわかります。同じサービスが年額一括1万2000円と月額1000円で提供されていたら、好きなタイミングで解約できる後者を誰だって選ぶでしょう?

正規雇用で社員を雇った場合のほうが、解雇をしにくい代わりに賃金を抑えられることはわかっている。1人頭の賃金で見れば、派遣社員のほうが高くつくし、実際派遣先の会社は人材派遣会社に(正規雇用に比べて)上乗せした料金を支払って人材を派遣してもらっている。

にもかかわらず、派遣社員の取り分が増えるわけではありません。要するに、人材派遣会社が中抜きしているわけです。派遣法のおかげで、人材派遣事業は非常に儲かる、なかなかおいしい商売になりました。

そうそう小泉政権後、竹中平蔵氏は人材派遣会社パソナグループの特別顧問、その後は取締役会長にも就任していますが、みなさんはどう思われますか?

人材派遣会社も慈善事業をやっているわけではありませんから、手数料分を中抜きして利益を上げるのは当然のことです。ただし、その中抜きが正当化されるのは、それに見合ったベネフィットを派遣社員に提供している場合に限られます。

ベネフィットとは、例えば教育ですね。派遣会社に登録した時、あるいは派遣先から契約解除された時などに、登録している人に対して適切な職業訓練が施されるようになっているのであれば、良い仕組みと言えそうです。

ちなみに、東京オリンピックから3年後、2023年の東京を舞台にした藤井太洋氏の近未来小説『東京の子』には、働きながら学べる「東京デュアル」という大学校が登場します（東京デュアルも大きな問題を抱えており、主人公たちもこの大きな問題に巻き込まれていくのですが、内容は読んでのお楽しみ）。

今の人材派遣会社には、派遣社員にとってのベネフィットがまったくない。たんに法外な中抜き料を取っているだけにしか、僕には見えません。

日本の人材派遣会社がベネフィットを提供できていない1つの理由は、事業としてのスケールメリットが効いていないことでしょう。

竹中氏が会長を務めるパソナグループのように大きな人材派遣会社もありますが、小さな会社が圧倒的に多くて、事業所数は約4万にも上ります。*20

2006年の段階で見ると、アメリカの派遣事業者6000社に対して、日本は3万6000社。*21 事業者数で言えば、日本は世界でも圧倒的にトップ。単純に比較はできませんが、人口が倍以上も多いアメリカに比べて、5倍の人材派遣会社があるというのはやはりおかしい。

よく見られるのは、大企業がグループ内に人材派遣会社を作り、そこからグループ内の子会社に人材を派遣しているというパターンです。そうやって吸い上げられたお金は、会社の「内部留保」になるか、株主への配当になります。

労働者から極めて効率的にお金を吸い上げて、その所有者のところに回す仕組みが構築されているわけです。だけど、4万社も人材派遣会社があって、何が何だかわからない状態になっていると、労働者もピンハネされていることになかなか気づけません。

いっそ、すべての労働者を派遣社員にしては？

人材派遣を巡るこうした混乱を改善する1つの方策は、派遣会社が乱立しない法制度を作ることでしょうね。

人材派遣の基準を厳しくし、その基準を満たせない会社は人材派遣事業を行えないようにする。例えば、登録派遣社員数が最低10万人はいないとダメだとか、30％以上のピンハネはダメだというふうにすればいい。国が派遣公社を運営するという手もありますが、そういうことを役人にさせなくても、基準を法律で決めれば自然と大きな人材派遣会社に集約されていくことになるでしょう。

そして、人材派遣会社には登録している労働者に対する責任をきちんと負ってもらい（現在の派遣法は、使用者責任が不明確で、それが労働環境の低下につながっています）、普通の民間企業は人材派遣会社経由でないと労働者を雇えないように法律で決めてしまう

（経営陣は、労働者ではないので対象外ですが）。

今までのシステムに比べて、人材派遣会社経由で労働者を派遣することのメリットは何でしょうか？

人材派遣会社のほうが、普通の会社よりも規模が大きくなりますから、労使交渉の立場が逆転します。労働環境は確実に良くなりますし、会社にとっての負担も少なくなります。会社が正規雇用の社員をずっと抱え続けるのは、非常に大変です。産業構造が変化したら、求められる人材もそれに応じて変えなければなりません。社員を配置転換したり、教育を行ったり、あるいは人材を雇ったりする必要があります。

人材派遣会社が人材の教育や福利厚生を担ってくれるのであれば、会社は営利に専念することが可能になります。民間企業が社員を終身雇用するのではなく、人材派遣会社が労働者を終身雇用するわけですね。

これまでの日本型システムでは、福祉は民間企業によって提供されてきました。

怪我や病気をしたら、会社の健康保険を使って治してください。

結婚したり、子どもができたりしたら、会社から扶養手当をもらってください。

定年退職したら、会社でかけていた年金をもらってください——。

ついでに言えば、会社は税金や社会保険料を納める窓口にもなっています。給料から税金や社会保険料が天引きされるようになっているため、政府としては取りっぱぐれがない。

本来は政府がやるべき多くの仕事を、会社にアウトソースしている。

会社はもうそんな負担には耐えられなくなって、多数の労働者にとっての福祉を提供する仕組みは崩壊してしまいました。福祉を提供せず、ブラックに従業員を働かせたほうが儲かるに決まっていますからね。

それなのに、未だに福祉はどこかの会社に籍を置いていないと与えられない。労働を介してしか福祉を得られないのです。

儲かっている会社にたまたま就職できた人は十分な福利厚生を得られるけど、そうでなかったら家にしても子育てにしても、自前で何とかしなければならない。また、ある時期に儲かっていた会社が傾いてしまうのはよくあることですが、だからといって、働いている人はすぐに別の会社に移れるわけでもない。

所属している会社だったり働き方によって福祉にムラができるし、だから格差が広がってしまう。

労働と福祉は、きちんと分離すべきなのです。

PART 5

お金を配ろう

貧富の格差が広がれば焼き討ちや虐殺などの、
最悪の事態が起こりえます。
それよりも「不労所得」をみんなに均等に分配したほうが、
社会はもっと豊かに楽しくなるのです。

富の分配に失敗すれば、虐殺が起こるかもしれない

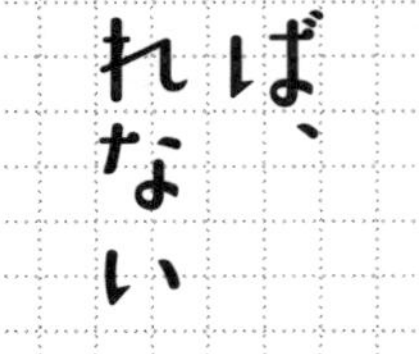

幸いにして僕自身は財産を築いて、いわゆる「お金持ち」になることができました。人並以上に働いた自負はありますし、その働きに応じた高額の報酬も得ていました。けれど、振り返ってみれば、財産を形成する上で最も大きな役割を果たしたのは、僕の労働ではなくて、資産それ自体なんですね。

いったん資産を手に入れることができれば、その資産は金の卵を産むガチョウになり、不労所得をもたらしてくれるようになるのです。

僕は、資産を持つことによって大いに得をしてきた側の人間です。その僕が、資産のオーナーシップが集中しているだの、金持ち優遇の税制を変えろと主張するのは、矛盾しているように思う人もいるでしょう。

せっかく、金の卵を産むガチョウや、自分の代わりに戦ってくれるポケモンを手に入れ

たというのに、なぜそれを他人に分け与えるべきだというのか？　たいていのお金持ちは、わざわざこんなことを公言したりしません。

なぜ、僕が富の再分配を主張するのかと言えば、我が身が可愛いからに他なりません。


こんな状況を考えてみてください。

周囲から隔絶された寂れた寒村に、一軒だけ金持ちがいたとしましょう。残りの人は、みんな生活苦にあえいでいる。

こんな状況で、残りの人たちが、お金持ちの私有財産、オーナーシップを尊重してあげる理由はあるでしょうか？　打ち壊しにいきたくなったりしませんか？

治安の良い現代の日本に住んでいるとピンと来ないかもしれませんが、革命は多かれ少なかれ、こんなふうに起こったのです。

『ベルサイユのばら』に出てくるフランス革命もそうですね。フランス革命は、パリの民衆がバスティーユ牢獄を襲撃したことから始まりました。

牢獄というからには、専制政治に抑圧された政治犯が捕まっていたような印象を受けるかもしれませんが、ここは金持ち用の牢獄でした。牢獄に囚《とら》われていた金持ちは、一般的な民衆よりもいい暮らしをしており、そんなのは許せないということで襲撃されてしまったのです。
人が私有財産を尊重するのは、自然法則でも何でもありません。**オオカミさんが丸々太った子豚を襲うのと同じくらい、持たざる者が持てる者から奪おうとするのは自然なのです。**

金の卵を産むガチョウがいるなら奪い取ってしまえ、金持ちの荘園は腹いせに燃やしてしまえというわけです。

貧富の格差が広まったことで、革命が起こり、さらには大量虐殺が引き起こされるというのは、歴史上珍しいことではありません。20世紀に入ってから、カンボジアのクメール・ルージュ（ポル・ポト派）が起こした虐殺は、まさにその典型例と言っていいでしょう。

共産主義を掲げるクメール・ルージュが革命に勝利して政権を取ると、彼らは資本家や知識人から財産を奪い、農村地帯に強制移住させました。富裕層どころか、少しでも教育があるヤツは無用だということで、排除したわけです。都市機能や経済は崩壊し、内戦時代にいったい何人が犠牲になったのか現在も確かなことはわかっていません。

持てる者に対する、持たざる者の恨み辛みが行き着く先には、ハードランディングとソフトランディングがありえます。

焼き討ちや虐殺というのは、まさにハードランディング。21世紀の先進国でそこまでのハードランディングは起こらないだろう、持たざる者にそんな知恵はないだろう、と持てる者はそんなふうに高を括《くく》っていますが、それは甘い。

金の卵を産むガチョウを育てて守るのは大変ですが、殺すだけなら本当に簡単です。昔みたいに、大群衆が暴動を起こさなくても、重要なデジタルデータをクラッキングや電磁パルス攻撃で吹っ飛ばすなんてことは、今の技術でできてしまう。

積極的に攻撃を行わなくても、医療や介護など人の命を預かる仕事をしている人たちが職務放棄をすれば、それだけでたくさんの人が死ぬ可能性もあります。

過激な行動がいったん起これば、エスカレートし続け、必ずオーバーランしてしまう。米国や日本などの先進国でそれが起こらない保証はどこにもありません。

現に、2011年に米国で「ウォール街を占拠せよ」という抗議運動が起こりましたし、2018年にはフランスで「黄色いベスト運動」が起こりました。同じような運動が過激化することは十分にありえることでしょう。

ハードランディングがもし起こったら、僕は明らかに燃やされる側でしょう。そういうことが起こらないでほしいとは思っていますが。

略奪が起こると、往々にして金の卵を産むガチョウは奪われ、殺されて、肉として食べられてしまいますが、これでは誰も得しません。1、2食分の肉は得られますが、それでジ・エンドです。

金の卵を産むガチョウをぶんどるにしても、生きたままでなければ意味がない。どこかの時点——僕は産業革命の頃だと想像しますが——で、このことに気づく人が少しずつ増えてきました。

では1羽のガチョウをどうやって分配すればよいのか。

まず、ガチョウを株式会社（ここではガチョウ株式会社とでもしておきましょう）の所有物ということにしてしまいます。

次に、ガチョウ株式会社の株券を分配すればいい。こうすれば、ガチョウを殺すことなく、ガチョウの生み出す富を株主に分配することができます。

株式などの有価証券を媒介させることで、モノに関する所有権も分割して、分配することが可能になったのです。実は、現代は昔よりもずいぶんソフトランディングを実現しやすくなっているんですね。

今や持たざる者が理解すべきは、腹いせに持てる者のガチョウを殺したり、賃上げを要求している場合ではないということ。

「所有権を分配しろ」と要求すべきなのです。

労働の対価としての賃金を要求するのは、現代において悪手《あくしゅ》です。

確かに、かつては賃上げが労働者の生活を向上させていました。

なぜそれが成り立っていたのかと言えば、人の手による労働がかけがえのないものであり、価値があったから。ほとんどの仕事は、人の手を使って行うしかありませんでした。

しかし、今は人間よりもずっと上手に仕事をこなせる機械が増えており、人間の労働の価値は下がり続けています。

アマゾンの倉庫では、コンピュータシステムからの指示を受けて、人間が走り回り、商品をピッキングしています。これは、人間の労働がかけがえのないものだからというより、人間ほど器用に動くロボットのコストがまだ高いからにすぎません。

労働者の賃上げ要求というのは、持てる者からすれば実にありがたい、思うつぼです。仕組みが生み出す富に比べたら、賃金などはした金にすぎません。グローバル化や自動化によって、安い奴隷には事欠かなくなりました。

会社には、被雇用者を守る義務はありますが、逆に言えば被雇用者ではない、つまりまだ雇っていない人を守る義務などありません。会社には人を雇用しない権利もあるわけです。「うちはきちんと労基法を遵守していますが、雇える人はこれだけです」、会社の経営者は胸を張ってそう言えてしまう。

「バラマキ」がダメなのは、ちゃんとバラマかないから

人間の労働が不可欠であった時代には、労働の対価として、賃金を払うことには意味がありました。しかし、今はもう労働それ自体には価値がない。

だけど、私たちはお金がなければ、生きていくのに必要な、あるいはちょっとした楽しみのためのモノやサービスを買うこともできません。

「お金をなくせばいい」と考える人もいるでしょうが、それはお金の力を舐めています。先の章で説明したように、お金が発明（もしくは発見）されたからこそ、私たちは会ったこともない人と取引することができるようになりました。さらに、自分の手持ちのお金が足りないなら、人からお金を借りることもできる。これによって、経済は拡大し、私たちの生活は豊かになったのです。

現在流通している貨幣を無理矢理禁止したところで、今の貨幣に代わる何かの指標がお

金の機能を果たすようになるだけでしょう。

最大の問題は、お金ではありません。

アメリカの若き政治家、アレクサンドリア・オカシオ＝コルテス（Alexandria Ocasio-Cortez）議員、通称ＡＯＣが問題の本質を明快に指摘しています。[*22]

We should not be haunted by the specter of being automated out of work. We should be excited by that. But the reason we're not excited by it is because we live in a society where if you don't have a job, you are left to die. And that is, at its core, our problem.

（私たちは、自動化によって仕事を失うことを恐れるべきではありません。自動化は歓迎すべきことです。私たちが自動化を歓迎できないのは、仕事がなければ死んでしまう社会に、私たちが住んでいるから。それこそが問題の本質です）

ようやく為政者のレベルで、この当たり前の結論に達する人間が登場してきたというのは、感慨深いものがあります。

現在は、機械による自動化が進んでいて、人間の仕事がなくなるのではないかと多くの人が恐れている。だけど、AOCの主張のポイントは、「自動化を恐れるな」ではないんですね。**彼女が主張しているのは、「賃金という形でしか、お金をもらえないことを恐れよ」ということ。**

労働を介してしかお金が分配されていない、それが問題なんですね。

たいていの人は、労働の対価としてしかお金をもらえないと思い込んでいます。だけど、会社の仕組みで解説したように、会社や不動産、株といった資本を持っている人の懐には、不労所得が自動的に入ってきます。

「人工知能やロボットが進歩しても、人間の仕事はなくならない」と主張する人がいますが、それは問題の本質を外している。これまでになかった新しい仕事が生まれるのは確かでしょうが、**人工知能やロボットといった自動機械によって生まれる利益は、すべて自動機械のオーナーの懐に入ることになります。**

だいたい、労働を介してお金を分配するのは、とにかく余計な手間がかかるんですよ。

会社は「仕事したくないなあ」と思っている労働者をいちいち職場に呼び出して、働かせないといけません。満員電車に詰め込まれて通勤していてはストレスも溜まりますし、会社にしてみれば交通費やオフィスの賃貸料その他の経費を支払う必要があります。

利益率の低いビジネスを行っている会社が利益を出すには、賃金を抑えないといけませんから、労働者には不満が溜まります。労働者が嫌々働いているような会社は、大して利益も上がらない。安い賃金で働いている労働者は消費を楽しむこともできませんから、消費も盛り上がらない。結果的に、国に入ってくる税収も少なくなってしまうから、国民に再分配できるお金も減ってしまう……。

こんな手間をかけて、労働者に働いてもらいお金を分配するくらいなら、最初から必要最低限のお金をみんなにばらまいたほうがよっぽど楽です。

「お金をばらまくなんてけしからん！」と憤慨する人は、いるでしょう。

ニュースなどでも、「バラマキ」というのは、だいたい悪い意味で使われます。用法としては、「財源の当てもないのに、選挙で票を集めるため、今の政権はバラマキをしている」といったところでしょうか。

なぜバラマキが悪いのか？

バラマキと聞くと、僕は神社や建設中の家の屋根から餅をばらまく、餅まきを連想します。あの行事自体を悪いものだと思いませんが、餅は均等にまかれているわけではないですよね。背が高い人のほうが飛んできた餅をキャッチしやすいでしょうし、まく人も知り合いのいる方向にはつい多めにまいてしまうかもしれない。そもそも餅まきがいつどこで行われるかを知っている人でないと、餅まきに参加することすらできないわけです。

全員に対して、均等に「ばらまく」というのは、思っている以上に難しいんですね。

政府の行うバラマキ政策の何がよくないかと言えば、「きちんとばらまかれていない」ことに尽きます。

ばらまいているように見せながら、あちこちにムラができてしまっている。

大学の無償化にしても、「年収がいくら以下の世帯を対象に」とか細かく条件が付いていたりします。

1999年には、額面1000円の地域振興券を1人2万円分ずつ配るという政策が実施されましたが、これは一度きりでした。一度だけ餅まきをしたようなもので、こんな行き当たりばったりのことをしていては大した効果も出ません。

ムラが出ないように、みんなに行き渡るようばらまくには、きちんと準備をして丁寧に行わないといけないのです。

「バナナはおやつですか？」問題を解く

「みんなに行き渡るように、丁寧にばらまく」と言うと、「金持ちは遠慮しろ！」とか「お金に困っている人には多めに分けろ！」、あるいは「怠け者にお金を配るなんて許せない」という声が必ず出てきます。

だけど、「誰がいくらもらうべきか？」は非常に難しい問題です。

年齢で区切ればいいのか？　所得で区切ればいいのか？　家庭の事情を斟酌《しんしゃく》すればいいのか？

年齢で区切ってお金を配るというのはまさに年金制度ですが、この基準が公平とは限りません。困窮している65歳もいれば、バリバリ仕事をしてお金を稼いでいる65歳もいるでしょう。働いていなくても、資産を運用して悠々自適の暮らしができている人もいます。

実際、日本における所有権の85％は、65歳以上に集中しているわけですしね。

また、ずっと年金掛金を払わずに生きてきて、生活保護を受けている人も、日本では怨《えん》嗟《さ》の対象になりやすい。健康保険料や年金掛金を律儀に払っている人からしてみれば、「何にも払わなくても生活保護を受けられるなら、何で年金を払わないといけないんだ!?」と文句も言いたくなるでしょう。ちなみに、生活保護を受給している人のうち65歳以上の割合は急増しており、今や51％と他の世代を圧倒するようになっています。


年齢を基準にしてお金が分配されるのが納得できないのであれば、所得を基準にすればいいのでしょうか？

しかし、先の章で述べたように、所得や資産に対して税金をかけるのも、一筋縄ではいきません。評価額の高い不動産を所有していてもそれが持ち家で、他に収入を得る手段がない人もいるでしょう。

まして、その人が頑張っているか、怠けているかどうかを判断することなどできるはずがありません。ものすごく怠けているように見えても、遺伝的な疾患のせいでやる気が出ない人もいるかもしれません。いったいどこまでが本人の責任だと言えるのでしょうか？

ある人がもらうべき「本当の額」を算出しようとしたら、どんな遺伝情報を持っていて、どんな家に生まれ、どんな環境で育ったのか、どんなイベントがあったのか、ありとあらゆる情報を収集しないといけなくなりますし、仮に情報を集められたとしても完全な計算は不可能です。人の能力や特性に遺伝が与える影響も少しずつ明らかになってきてはいますが、遺伝だけで人間のすべてを説明することはできません。社会的な状況が人生にどんな影響を与えるかについても、まだまだわからないことだらけです。

一人一人の置かれた事情に応じて、配るお金の額を決めようとすると、膨大な手間がかかることになります。役所の窓口には何人もの担当者を置いて申告に来た人の事情を個別に聞き、ケースごとに細かく分けて申告書を別々に用意する——。

「バナナはおやつですか？」問題が起こってしまうんですね。

「遠足に持って行けるおやつは３００円まで」と言われたら、「バナナはおやつに入りますか？」と聞くヤツが絶対に出てくる。「弁当箱に入っている果物はおやつですか？」「冷凍ミカンはおやつですか？」「おはぎはおやつですか？」「砂糖をかけたご飯はおやつですか？」……と切りがない。

「バナナがおやつ」かどうか決めるには、コストがかかるのです。

全世界が「働かざる者食うべからず」病にかかっている

「バナナはおやつなんですか」問題に悩まされず、お金をばらまく方法というのは、ずいぶん昔、それこそ18世紀、19世紀の頃から経済学者らによって提案されてきました。

それが「ベーシックインカム」という仕組みです。

ベーシックインカムというのは、政府が国民に対して、生活するのに必要な最低限度の「現金」を、「一律」かつ「定期的」に給付するというもの。

生活保護と大きく違うのは、対象が全国民であり、給付額も同じだということです。金持ちだろうが、貧乏人だろうが、全員に同じ額のお金を配ろうというわけですね。医療保険はベーシックインカムと別建てにするかどうかなど、主張は人によって少しずつ異なりますが、一律にお金を配るという基本的なアイデアは共通しています。

ベーシックインカムの導入に関しては、近年世界各地で活発な議論が行われるようになっており、フィンランド政府が２０１７年から2年間、失業手当の受給者を対象にした実験を行ったほか、アメリカの投資会社Ｙコンビネーターがやはり実験を行っています。

もっとも、あらゆる人を対象として一律にお金を給付するのがベーシックインカムですから、特定条件に当てはまる人を対象に期間限定で実施することが、本当に実験として適切なのかは微妙なところではあります。実験するのなら、もっと少額のお金を国民全員に配布するようにしたほうがよいのかもしれません。


一方、ベーシックインカムに関しては、反対意見も根強くあります。

「財源はどうするのか？」

「働かないでもお金がもらえるとなったら、怠け者ばかりになってしまうのではないか？」

「金持ちもお金がもらえるなんて不平等だ」

といったところが、主な反対意見のようですね。

２０１６年6月、スイスではベーシックインカム導入の是非を問う国民投票が行われ、賛成23・1％、反対76・９％という大差で否決されました（投票率は46・３％）。

国民投票にかけられた案は、成人に月額2500スイスフラン（約28万円）を支給するという、なかなかの大盤振る舞い。年金や失業保険は打ち切ってベーシックインカムに統一、また収入が月額2500スイスフラン以上ある人は給付対象にならないといった所得制限もありました。

否決された理由は財源不足を有権者が懸念したということらしいのですが、**僕は一番の理由は「働かざる者食うべからず病」なのだろうと推測しています。**

この病気は全世界に広がっていて、大勢の眼を曇らせてしまっています。

ベーシックインカムではありませんが、日本でも生活保護の不正受給が報道されると、ものすごくエキサイトする人たちが出てきます。生活保護を不正受給している人を叩《たた》いている人のアカウントをツイッターなどで見てみると、失礼ながらあまりお金持ちのようには見えません。

自分は毎日キツい仕事をしているのに、生活が全然ラクにならない。生活保護の不正受給なんてうまいことをやって、ラクしやがって！　という怒り、妬みが、不正受給者の攻撃に駆り立てるのでしょう。

先の章で、消費税の逆累進、つまり貧しい人ほど負担が大きくなることを説明しました。

しかし、資産も収入も少ない若い人ほど消費税増税を進める政党を支持していたりする。同じようなことが、ベーシックインカムについてのスイスの国民投票でも起こったのかもしれません。「イエス！」と投票すべき人たちが、ほとんど「ノー！」に投票してしまったのではないか。

なぜ自分にとって不利な結果になる行動を取ってしまうのか。

僕がたどり着いた仮説は、「たいていの人は不労所得のことを知らないから」です。

株式を所有していて、配当が入ってくる。土地や家を人に貸して賃貸料を受け取る。口利きをして未公開株をもらう。役職についているだけで顧問料が入ってくる。音楽やマンガがヒットして印税が入ってくる――。

こういう不労所得は「不労」という通り、まったく労働を必要としません。利権を持っていさえすれば、お金が自動的に入ってくるのです。

持てる者は、利権を持っていることに罪悪感を覚えたりしません。

これに対して、**持たざる者は労働の対価でないとお金はもらってはいけないと思い込んでいる、あるいは持てる者に信じ込まされているのです。**

コロナウイルスショックでベーシックインカムが進む？

日本は生産性が低くて他の国よりも経済成長で見劣りしますし、国として1000兆円の債務があるとか、不安になるようなデータがたくさん出ています。

そんな財政で大丈夫か？　大丈夫だ、問題ない。

少なくとも日本の場合は、生活するのに最低限のお金を全国民に給付するのに十分な財源があります。

まず、税制を見直せばいい。

日本の税制では、ほとんどの税金がフロー、つまり労働によって得た所得や、消費に対して掛けられています。先の章でも説明したように、所得税は累進性になっていて、稼ぐ人ほど税金の割合も高くなっていきます。

一方、不労所得を生み出す資産に関しては、基本的に税は累進ではなくフラットです。

固定資産税のようにジワジワと取っていくものもありますが、株式や現金を大量に保有していても、そこに税金がかかるわけではありません。株式の配当や預金利息についても約2割の固定税率になっています。また相続税についても、ほとんどの人が相続する資産は免税点以下で、大した税金もかからない。

フローに課税するだけではなく、ストックになっている資産からもきちんと税金を取るべきなのです。

またこちらも先述したように、日本では税金とは別に、年金や健康保険料が社会保障費として集められています。社会保障費と言いつつ、実質は人頭税で、しかも逆累進、つまり持たざる者ほど負担が大きくなっている。「税金」という名前がついていない、これらのお金の額は今や税金を上回る規模になっているのです。

税金と社会保障費を一本化して、きちんとストックにも課税すれば、毎月数万円のベーシックインカムを国民全員に給付することなど造作もありません。

相続税を100％にするという手もあります。相続税100％というと反発する人も多いでしょうし、生前贈与が増えるだけだと思われるかもしれませんが、それはそれでプラスの効果があります。単純に、高齢者から若い世代にお金が回るだけでも、消費は増えますから。

個人が家族に相続するというより、自分の得た富を社会に相続させる。社会相続の考え方を組み入れるだけで、ベーシックインカムの財源など、簡単に捻出《ねんしゅつ》できてしまうのです。

ベーシックインカムのような制度の導入は、既得権益による政治的な抵抗も大きいですから、実現するのは相当に大変だろう。正直、僕もそう考えていたのですが、2020年のコロナウイルスショックによって状況がだいぶ変わってきました。

2020年4月には、スペイン政府が「可能な限り迅速に」ベーシック・インカム制度を導入すると決定。同月には、ローマ・カトリック教会のフランシスコ教皇もベーシックインカムの導入を世界に向けて提言しました。

興味深いのは、ベーシックインカムと言い出したのがスペインだということ。

スペインは失業率が高く、2013年には26%を超えていました。そこから失業率は下がっていき、2019年には14・11%になっていましたが、それでも他のEU諸国に比べると格段に高い水準です。

ところが、コロナウイルスショックまでスペインの経済状況自体はそれほど悪くありませんでした。2019年12月に発表されたスペインの実質GDP成長率は、1・8%。[*23]同時期の日本は、0・6%ですからね。

失業率、特に若者の失業率が高いのに、経済状況は悪くない。もちろん仕事がなくて困っている人も多いでしょうが、失業保険が充実しているから日本よりもずっと失業率が高くても、みんな何とか食っていくことができていたとも言えるわけです。

失業保険を給付するにもコストがかかります。失業者一人一人からの申請を役所が審査して給付しなければなりません。みんなに一律にばらまいたほうが手間がかからないからコストを抑えられるし、コストを抑えた分、給付に回せる額も増やせるわけです。

スペインのベーシックインカム検討は、極めて合理的な考えに基づいているように見えます。

働きもしないのにお金をもらえるなんてとんでもないことだと思うかもしれませんが、どこかの国が実行してうまくいったら、あっという間に世界中の国でコピーされるようになるはずです。

「日本株式会社」の配当をもらおう

ベーシックインカム以外にも、国民全員にお金を配る方法はいくつか考えられます。何の裏付けもなしにお金を配ったら、悪い意味でのバラマキでしょうけど、きちんと裏付けのあるお金ならみんな正々堂々と、不労所得として受け取れます。

例えば、「ベーシックアセット」とでも言うべき方法。

日本は、国として膨大な資産を持っているのはご存じでしょう。そのうちの何割かは、株式です。

日銀は、上場投資信託（ＥＴＦ）という金融商品を買い入れているのですが、２０１９年３月末時点の残高は24兆７８４８億円にもなります。

代表的なＥＴＦとしては、日経平均株価やＴＯＰＩＸ（東証株価指数）、Ｓ＆Ｐ５００などに連動する、指数連動型の商品が挙げられます。細かい説明は割愛しますが、日経平均株価などの指数と同じ値になるように、株式の構成比を調整したものがＥＴＦ。１つのＥＴＦを買うことで、さまざまな企業に対してちょっとずつ投資できるわけです。

年金積立金管理運用独立行政法人（ＧＰＩＦ）が運用している資産もすごいですよ。２０１８年度末時点での運用資産額は約１５９兆円で、このうち国内株式は約39兆円。日本株式市場全体の時価総額が約６００兆円ですから、ＧＰＩＦはその約６％の株主ということになります。

「へー、すごい額のお金だなあ、自分には関係ないけど」

そう思いましたか？

とんでもない。このお金は、あなたのものでもあるのです。

日本という国が持っている資産は、いったい誰のものか？

日本国憲法は「国民主権」を謳っていますが、これが本当なら、日本政府の資産の所有者は、日本国民と考えるのが妥当でしょう。

日本国民のみなさんは、すでにさまざまな会社の株主なんですね。日本株式会社の株主と言ってもいいでしょう。

株式からの配当のみならず、資産からの「アガリ」はオーナーに分配されるのが、資本主義のルールです。日本国民は、何はばかることなく、アガリを受け取る権利がある。

しかし現在、日本が所有している資産からのアガリは、とても面倒くさいやり方で国民に分配されています。この大まかな流れを見てみましょう。

日銀やGPIFの所有している資産からのアガリは、まず日銀の当座預金にプールされ、国がガメた上で（年金の支払いの一部に充当されていたりするので、「ガメた」というのは言いすぎかもしれませんけど）、一部はさまざまな銀行へと配られます。

設備投資などを行いたい企業は、銀行から融資などの形でお金を受ける。そしてお待たせしました、一般企業に渡ったお金は、労働の対価、賃金としてみなさんの手元に渡るわけです。

金融政策では、マネーサプライ（国内に流通するお金の量）を増減させて経済状況をコントロールすることが重要になってくるわけですが、そのお金はトリクルダウン式、つまりしたたり落ちるように上から下へと少しずつ流されている。

事務手続きをすべて人手でやっていた昔なら、こういうやり方でお金を配るのも致し方なかったでしょう。政府機関だけで、すべてのお金をすべての人に配ることはできませんから、間に銀行などの中間業者を挟むしかありませんでした。

上から下へと順繰りにお金を配ろうとすると、途中でどんどん抜かれてしまって本当に必要な人のところまで行き渡りません。さらに、労働の対価となると、労働市場に参加できない人はお金を得られないことになってしまう。

ところが今は時代が違います。お金の情報はすべてデジタル化され、お金をやり取りする際にも実際の紙幣が行き交うわけではありません。スマホを使えば、個人間の送金だって簡単に行える。こんな時代には、渡したい相手に直接お金を渡すのが一番手っ取り早くて安上がりなのです。

日本の所有する資産、「ベーシックアセット」からの配当や収益を国民に配るだけで、ムラなくお金をばらまくことなど簡単にできてしまうのです。

いかなる国民であれ、日本株式会社の株式を1株でも持っていたら、少なくとも飢えることはなくなるわけです。

ただし、ベーシックアセットを実施する上で注意しなければならないことがあります。日本株式会社の配当を受け取る権利は、通常の株式と同じように売買できるようにしても問題はないでしょう。しかし、その権利の株数は、日本国民の数よりも多くして、誰もが最低限1株は所有し続けられるようにしないといけない。最後の1株は売買、譲渡できないよう、法律で制限する必要があります。

もし、最後の1株まで売買、譲渡できるようにしてしまうとどうなるか。

株式を持たない人は、「プロレタリアート」になってしまいます。

プロレタリアートとは、不労所得を生み出す資産を持たない人を指す言葉です。逆に言うと、今の日本国民のほとんどは、自分たちがプロレタリアートであることに無自覚なんですけどね。

ここまでベーシックアセットの考え方を説明してきましたが、こんな仕組みはとんでもないと思いますか？　あるいは、今の憲法ではとても実現できないと思いますか？

これ以上、憲法の理念に則った仕組みはないと僕は考えています。

日本国憲法第25条には、次のように書かれています。

第1項

すべて国民は、健康で文化的な最低限度の生活を営む権利を有する。

第2項

国は、すべての生活部面について、社会福祉、社会保障及び公衆衛生の向上及び増進に努めなければならない。

国民が所有している資産を、国民が最低限文化的な生活を営むために充当する。これ以上、真っ当なロジックがあるでしょうか？　だいたい、生活保護の制度にしても、憲法第25条に基づいているのです。

憲法なんて、たいていの人が普段意識することはありませんし、交通法規以上にないがしろにされているものかもしれません。

じゃあ、何のために憲法なんてものがわざわざあるのか。そこに書かれている理想に、ちょっとずつでも社会を近づけていくためにあるのではないでしょうか？

お金じゃなくて、現物支給じゃダメなんですか？

ベーシックインカムにせよ、ベーシックアセットにせよ、ポイントは最低限文化的な生活を営めるだけのお金を、全員にばらまくということにあります。

これに対する反論としてあるのが、「お金ではなくて、現物支給でいいんじゃないの？」というもの。教育に限定したバウチャー（クーポン券）を配る、食料品がもらえるフードスタンプを配る、公営住宅を貸し出すというのが、これに当たりますね。

けれど、現物支給では「市場」の利点を生かせません。

例えば、日本の百均ショップや自動販売機で売られている商品のラインナップを考えてみてください。安い商品であっても、ものすごくバリエーションがあり、さまざまな工夫がなされています。

これは、消費者の側が何を買うかを考えて選ぶから。きちんと消費者に選ばれる商品を作るために、作る側も必死で知恵を絞る。そこに競争が生まれて、よりよい商品やサービスが作られていく。

何にでも交換できるお金を媒介することで、消費者も生産者も頭を使わざるをえません。どの国の政府も人々から税金をいかに搾り取るかに血道を上げていますが、そんなことより、人々にお金をばらまいて、どうお金を使うかの「知恵」を搾り取ったほうがいい。そうしたほうが、社会はずっと豊かになります。あらかじめ決まったモノを現物支給してしまっては、知恵を使わなくてもよくなってしまうのです。

教育バウチャーもそうですよ。教育関連のモノやサービスと交換できるクーポンと言いますが、では教育とはなんでしょうか？

美術館で絵を鑑賞するのは教育でしょうか？　じゃあ、アイドルのコンサートで音楽を聴くのは教育？　水泳が教育なら、スマホでゲームをするのは教育ではない？　マインクラフトは教育だけど、ソシャゲは違う？

細かく分ければ分けるほど、「バナナはおやつに入りますか問題」に突き当たることになります。

お金がすばらしいのは、配る人は余計なことを考える必要がなくて、もらった人が自由に使いみちを考えられるからなのです。

不労所得をもらえるようになったら、みんな働かなくなる？

労働せずに最低限の生活が送れるお金が自動的にもらえるようになったら、多くの人が働かなくなるのではないか、経済活動が停滞するのではないか。そういう懸念を抱く人は少なくありません。ベーシックインカムを巡る議論では、必ずこのことが話題になります。しかし、これが問題だとは、僕にはまったく思えないのです。

ほとんどの人は不労所得をもらい慣れていないので、実際に自分が不労所得をもらえるようになったらどうなるかを、なかなか想像できません。だったら、今不労所得を得ている人たちがどんなふうに暮らしているのかを見てみればいいんです。

ソフトバンクの孫正義氏の個人資産は、約2兆円。個人ではどうやっても使い切れないお金を持っていますが、彼が毎日ボーッと過ごしていると思っている人はいないでしょう。どう考えても、たいていの労働者より忙しく仕事しているはずです。

クリエイターも、マンガや音楽で大ヒットを飛ばせば、使い切れないほどのお金を得ることができます。そうなったら、のんびり毎日食っちゃ寝をしていてもよさそうなものですが、締切に追われても必死に作品を作り続けるクリエイターはたくさんいます。

本当に働きたいヤツというのは、少々のお金をもらったくらいで働くのをやめたりはしない。明らかに僕も、こちら側の人間です。

起業家やクリエイターといった人種は、お賃金程度の小銭で勤労意欲をかき立てられたりはしません。莫大な額のストックオプションやファイトマネーで発憤する人もいるでしょうし、歴史に名を残すことや、世界初の発見・発明をすること、あるいは大勢の人に「スゲーっ！」と言ってもらうことが生きがいだという人もいるでしょう。

こういう人たちは、傍から見ると遊んでいるように見えます。最近だと、ビデオゲームで競い合うeスポーツも盛んになってきましたが、そのプレイヤーたちは文字通りゲームで遊んでいます。

だけど、彼らは真剣に遊んでいる。

試合ではなく、「死合」を行っている。人によっては、自分の全財産や人生、名誉をかけてゲームしているのです。

ひどい言い方になりますが、**お賃金程度のお金をもらってなくなるような、しょぼい勤労意欲なんて、今の時代にはもう求められなくなっているんですよ。**

一昔前なら、やりたいことがない人たちに賃金を与えて、無理矢理にでも勤労意欲をかき立てることは、それなりに意味がありました。工場のラインを稼働させるためには、毎日決まったスケジュールで、決まった手順をこなさないといけませんから。

だけど、そういう仕事はまず1人あたりのGDPが安い途上国に行き、さらには機械によって自動化されてしまいます。産業革命以降、あらゆる産業においてこの傾向は加速し続けており、もう止めることはできません。

社会という競技場でゲームに参加する

あらゆる産業において自動化が進展していったのも、実はプレイヤーたちがゲームによって競い合った結果です。

例えば、紡績工場を例に考えてみましょう。

糸を作って売れば大儲けできると考えついたヤツが、人を雇ってどんどん糸を作らせ、利益を上げる。それを見て「うまいことやりやがって」と思ったヤツは、人件費の安いところで糸を作らせて、安い価格でたくさんの糸を売ったり、より高品質の糸を高く売って儲けようとする。そうなると、高品質の糸を自動的に作れる機械を作って、紡績工場に売り込むヤツも出てくる。

こういうゲームが繰り返された結果、一番うまい仕組みを作ったヤツが最終的にがっつり儲けるようになるわけです。

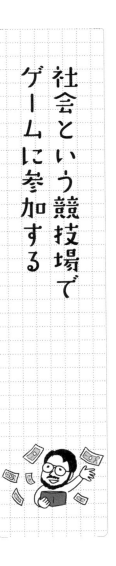

それでは、最終的に勝利者となるプレイヤーさえいれば、残りの人間は必要ないのか？

そんなことはありません。大事なのは、一番になった勝者ではなく、ちゃんとした「競技場」があることなんですね。


たくさんのプレイヤーが、公平なルールに基づいて競技場で競い合うことにより、技術やモノ、サービスは進化し、人々はより豊かな生活を送れるようになります。

この競技場こそ、「社会」です。


見逃されがちですが、あらゆる競技は、たくさんのプレイヤー、そしてそれ以上にたくさんの観客がいて初めて成立します。参加するプレイヤーや観客がいない競技は、廃《すた》れていくものです。

そして、プレイヤーとして参加した人もほとんどは負けてしまう。栄冠を勝ち取るのは、ごくわずかの勝者だけ。

この冷厳な事実は如何《いかん》ともしがたいのですが、だからこそあらゆるプレイヤーにはゲームに負けてしまっても生きていける参加料が配られなければいけない、そう僕は考えています。

これこそが、ベーシックインカム、ベーシックアセットなどによって最低限の生活を保障する意義でしょう。

何かに挑戦して負けたらスッカラカンになり、人生ゲームオーバーというのでは、ゲームの参加者は減る一方です。最低限の生活が保障されていれば、安心していろんなゲームにチャレンジできる。

ゲームは、複数のプレイヤーと観客がいれば成立します。サッカーのように一大産業になっているゲームもあれば、ニッチなゲームを自分で作り出してもいい。自分が好きで、真剣に取り組めることならば、すべてゲームになりえます。

理想的には、地球人口と同じくらいの数、70億くらいはゲームの種類があるのがいいですね。

ここで忘れてはいけないのは、観客も重要だということ。

スポーツの世界ではチームに対する罰則として無観客試合が行われることがありますが、こういうゲームはまったく盛り上がらず、プレイヤーのモチベーションも上がりません。

ビジネスならば、観客は消費者ということになります。商品やサービスの勝ち負けを決めるのは、消費者の購買行動。消費者に受け入れられるよう、プレイヤーたる会社は切磋琢磨するわけですね。

プレイヤーとしてゲームに参加していない人でも、何らかのゲームには必ず観客として参加しているはずです。

先ほど、プレイヤーへの参加料を配るべきだと述べましたが、同じことが観客についても言えます。

観客が誰か、あるいは何かを応援するためのお金やゆとりを持っていなかったら、そのゲームはまったく盛り上がらないじゃないですか。

現代社会におけるゲームは、"Winner takes all."、勝者総取りの傾向がますます強くなっています。

一番になったヤツが一番多くもらうのは当然でしょう。でも、一番のヤツがすべてを取ってはいけない。

負けてしまった他のプレイヤー、そして観客にもきちんとお金が回るようにする。

そうすることによって、新しいゲームが次々と生まれ、既存のゲームもさらに面白くなっていくのです。

働きもしない、働いても大した成果を出さない「使えねえヤツら」を養うために、たくさんの税金を取られるのは納得できない、そう主張する人もいます。日本なら年収1000万円から2000万円くらいの、中途半端な金持ちに、こういう人が多い印象があります。実際、僕も若い頃はそう思ってましたから。

だけど、そんなことを言っていては、結局自分も貧しくなるだけなんですよ。

純資産、推定883億ドルの超お金持ち、ウォーレン・バフェットなんて、「自分が納めている所得税の税率は秘書よりも低い」と告白して、富裕層への税率をもっと高めるよう主張しています。これもあらゆる人にお金が回ったほうが、社会として豊かになると考えているからでしょう。

この世界では、誰も働いてなどいない現実を直視する

お金をみんなに配る。お金にまつわる問題の多くは、たったこれだけで解決するのですが、まだ納得いかないという人もいるでしょう。

しかし、この世の中を成り立たせている根本的な仕組み、自然界の法則、さらに言ってしまえば、物理法則が「働いたら負け」になっているのです。

どういうことでしょうか？

突き詰めれば、地球上の生物や人間社会、これらはすべて太陽のエネルギーによって駆動されているからです。別にトンデモ理論を開陳《かいちん》しようというのではなく、これはたんなる事実にすぎません。

例えば、お米。お米を作ったのは、誰、いや何でしょうか？
農家の人が汗水垂らして、お米を作っている？
いいえ、違います。お米を作ったのは、「イネ」です。

1億5000万キロメートルの彼方で輝いている（冒頭で述べた1億5000万キロメートルがようやく出てきました）、太陽からの光と、二酸化炭素、水を元にイネが光合成を行い、その結果デンプンが生成される。そのデンプンを「お米」という形で、人間がくすね取っているわけです。

もちろん、効率よくイネが成長するよう、田んぼを耕し、水を引き、苗を植え、雑草を取り、刈り入れをするといったところに労働は発生します。味の良いお米がたくさん穫れるよう、イネの品種改良も行われてきました。そこに人間の知恵が投入されているわけですが、そもそも太陽からのエネルギーと、イネという仕組みが存在しなければ、お米なんて手に入れられません。

私たち人間がやっていることというのは、すでに存在している世界の仕組みにほんの少しだけ手を入れて、成果物をピンハネしているだけなんですね。

「農業に関しては太陽の恵みを受けているかもしれないけど、その他の現代文明は人間が作り出しているんだ！」

そう言いたくなる気持ちはわからないでもありません。

けれど風力や水力というのは、太陽エネルギーの変形です。太陽によって温められた大気に気圧差ができて、風が吹く。風が水面を動かして波が起こる。太陽からの熱や光が運動エネルギーに変換されて、風車などの仕組みを動かしているわけです。

蒸気機関やガソリンエンジンなどの内燃機関はどうでしょうか？

蒸気機関は、石炭などの化石燃料を燃やして水を沸かして蒸気にし、その圧力でピストンを動かして、車輪やタービンを回転させたりする仕組みです。

石炭とは何かと言えば、大昔の植物が地中で熱や圧力を受けて変質したものです。植物が封じ込めていた太陽のエネルギーを利用しているという見方もできますね。

石油の由来については、石炭と同様に生物由来という説と、これを否定する無機成因論があります。地球の内核に含まれる放射性物質の放射線によって石油が作られるという考え方もありますが、いずれにせよ人間が石油を作ったわけではありません。

同様に、機械を作るための鉄その他の資源にしても、人間が作ったわけではなく、地球ができた時から存在していたモノを、太陽からのエネルギーでちょっと加工して利用しているだけです。

地球という惑星は、たまたま太陽から遠すぎず近すぎず、ちょうどいい湯加減の距離にありました。これまた運の良いことに適度な重力があるおかげで、液体の水や大気も逃げていきません。

太陽（と地熱）のエネルギーによって、地球上の動植物は生命活動を行っており、人間の社会的な活動、生産や移動といった営みにもこれらのエネルギーが使われています。

「人間がエネルギーを使いすぎたら、なくなってしまうんじゃないの？」

その心配もなさそうです。

ウィキペディアによると、太陽から地球に降り注ぐ光エネルギーは、約174PW（ペタワット）。人間が利用できるのは、このうち約1PW程度だと言われていますが、いったいどれくらいのエネルギーであるかはピンと来ないかもしれません。

年間のエネルギー量に直すと、1PW×24時間×365日＝8670PWh（ペタワットアワー）。これは、全世界の一次エネルギー供給量の67倍。ゴビ砂漠の半分に太陽電池を敷き詰めるだけで、全人類が必要とするエネルギーは賄えてしまえるそうです。

太陽電池の発電効率は年々上がっていますし、省エネの技術も進歩しています。また、世界全体の人口増加率は緩やかになってきており、21世紀末には100億から120億人で安定すると言われています（『ファクトフルネス』ハンス・ロスリング他、日経BPより）。エネルギー危機が起こることを心配しなくても大丈夫でしょう。

問題は、エネルギー収支でしょうね。生物が生きるのも、機械が動くのも、エネルギーを使った（科学用語としての）「仕事」です。

生物は、体を構成するのに必要な分子や動くためのエネルギーを食物から取り入れ、排泄物と熱を捨てます。排泄物と熱を体外に捨てられないと、体全体の秩序を維持できなくなり、死んでしまいます。マクロの観点から見れば、人間社会も、エネルギーと資源を取り入れて、老廃物と熱を排出している生命だと見なすことができます。

幸いにして地球には大気の循環があり、生物や社会から排出された熱は宇宙へと捨てられ、バランスが取れるようになっていますが、近年はこのバランスが崩れて地球温暖化や環境汚染が起こっています。課題は、エネルギーを増やすことではなく、エネルギー収支のバランスを取る技術の開発や政策の施行ということになります。

ともあれ、生物にせよ、社会にせよ、つまるところ太陽のエネルギーで生かされているにすぎません。**本当の意味で「働いている」者などいないのです。**

強いて言えば、太陽エネルギーと二酸化炭素、水で光合成を行い、他の生物にとっての食物を作っている植物くらいでしょうか、働いていると言えるのは。

「私は誰よりも働いている」などと言う人を見るたび、僕は文句をつけたくなります。

「そこまで言うお前は、光合成できるのかよ！」と。

お金は、自然法則の上で動く幻想

お金の仕組みは、一見すると科学とは直接関係ないかのように思えるかもしれません。学校でも、エネルギーの話と、お金の話は、まったく別々に教えられていますからね。私たちは、頭の上に太陽が輝いているということをあまりにも当たり前と考えている。だから太陽からのエネルギーをピンハネしているという事実がいまいちピンと来ない。

しかし、太陽からのエネルギーによって生命や文明が駆動し、その上で、人間の脳を介してお金という幻想がやり取りされているという大枠を理解しない限り、お金にまつわる問題は解決できません。

太陽の恵みを地上ほど簡単に得られない、例えば宇宙空間での暮らしをちょっと想像してみてください。

ＩＳＳ（国際宇宙ステーション）での暮らしを見たことはあるでしょうか。食料や水

（ある程度再利用はしているとはいえ）も、地上から莫大なお金をかけて運び込んでいます。太陽電池によってある程度のエネルギーは入手できるとはいえ、快適な暮らしを宇宙空間で送るのは本当に大変です。

ありがたいことに、我々は太陽と商取引を行っているわけではありません。太陽が有り余るエネルギーを勝手に投げつけてくるのですから、「ラッキー！」と言ってありがたく受け取っておけばいい。太陽の恵みのない星に住んでいる異星人からすれば、地球人は裏庭に石油が湧いている石油王のように思えるでしょう。

私たちは、もうすでに不労所得を得ているんですよ。

株や不動産といった資産を持つことで不労所得を得られることを羨ましいと思うかもしれませんが、人類全体が太陽や地球から十分な不労所得を得ているのです。

何度でも言いますが、石油王が石油を作ったわけではありません。たまたま、太陽や地球のエネルギーが石油という使い勝手の良い形態で、特定の地域に封じ込められただけです。こういう便利な資源が、たまたま自分ちの裏庭を掘ったら出てきたというのは、その人の手柄でも何でもありませんし、その土地を所有しているというのもまた幻想です。

「コト」は使っても減らない

テクノロジーが進歩するにつれ、お金の幻想、虚構性がますます明確になってきました。

ずっと昔から続いている、お金を使った取引の基本は、モノとモノの交換を媒介するというものです。リンゴと牛のようにまったく異なるモノであっても、お金を介することで取引できるわけですね。

当たり前のことのようですが、モノには実体があります。

もしあなたが、誰かの持っているリンゴをお金を払って買ったら、そのリンゴは元の持ち主のところからなくなります。あなたの買ったリンゴは、(似たようなリンゴは他にもあるでしょうが) この世にただ1つしか存在しません。

ところが、「情報」や「権利」といった抽象的なもの、いわゆる「コト」の場合は、事情が変わってきます。

少し前までは、本はモノだと思われていました。書店で売っているのはインクが少しばかり付いた紙の束です。紙の束を買いたい人はゼロではないかもしれないけど、それほど多くはありません。書店で売っているのは、紙の束というパッケージに収められたコトなのです。

紙しかなかった時代には、ベストセラーはすぐ在庫切れになって、出版社が重版をかけないと欲しい人には行き渡りませんでした。絶版になった本を入手したければ、古本屋を回るしかありません。手書きやコピー機で本の内容を複製することは可能ですが、手間もコストもかかりました。古本屋や海賊版は、コトを流通させるための必要悪だったという見方もできます。

しかし、デジタル技術がすべてを変えてしまいました。

デジタルデータを複製するのはとても簡単。というより、デジタルデータは複製よりも移動するほうが面倒くさい。例えば、パソコンでファイルを移動する時、複製した後、削除するという二段階の処理を行っているのです。放っておけば、次々と複製が増えていく、それがデジタルデータの特徴と言えるでしょう。

デジタルデータは、実体のあるモノよりもはるかに低コストでやり取りすることができます。モノを移動しようとすれば、トラックや船などの移動手段、倉庫や小売りの店舗、それらに関わる人間等々が必要になりますが、データはコンピュータ上で指示を出すだけでいい。

在庫も気にする必要はありません。あなたが映画の配信サービスで『君の名は。』を購入したら、他の人が買えなくなるかと言えばそんなことはないでしょう？

デジタル技術によって、さまざまな情報はあっという間に世界に広がり、同時にコモディティ化も急速に進みました。昔なら、本を出版できたのはごくわずかな人だけでしたが、今なら誰でもブログやソーシャルメディアで自分のコンテンツを発表できますから。無料のコンテンツが溢《あふ》れている中、ほとんどの人にとってコンテンツでお金を稼ぐのはなかなか大変ですが、当てることができれば得られるものもまた大きい。在庫がなくなることもなく、低コストで配信できるコトは、一部の人間や組織に莫大な富をもたらします。

現在の世界時価総額ランキングを見てみると、上位にはＧＡＦＡやマイクロソフトなど、いわゆるＩＴ企業が並んでいます。一口にＧＡＦＡといっても、検索広告のグーグルやソーシャルネットワークのフェイスブックと、ECサイトのアマゾン、スマートフォンを作っているアップルでは、ビジネスモデルが違いますが、いずれもデジタルの力を最大限に活用している点は共通しています。

今の世の中で成功している会社、個人というのは、何らかの形で「コト」を利用して儲けているのです。

暗号資産という純粋なお金

モノやコトといった取引の対象だけでなく、お金自体の本質もデジタル技術によって明らかになりつつあります。

オンラインバンキングや、Ｓｕｉｃａのような電子マネー、何とかペイといったＱＲコード決済など、デジタル技術を使ったお金の取引が増えていますが、これらは既存の法定通貨、つまり国が発行しているお金を扱いやすくするための手段です。

一方、暗号資産（仮想通貨とも呼ばれますが、国が発行する法定通貨と明確に区別するため、最近では暗号資産と呼ばれることが増えてきました）は、ちょっと違います。

ビットコインを始めとする暗号資産には、ブロックチェーンという仕組みが使われています。このブロックチェーンには、ある暗号資産が誕生して以降の全取引が記録されてい

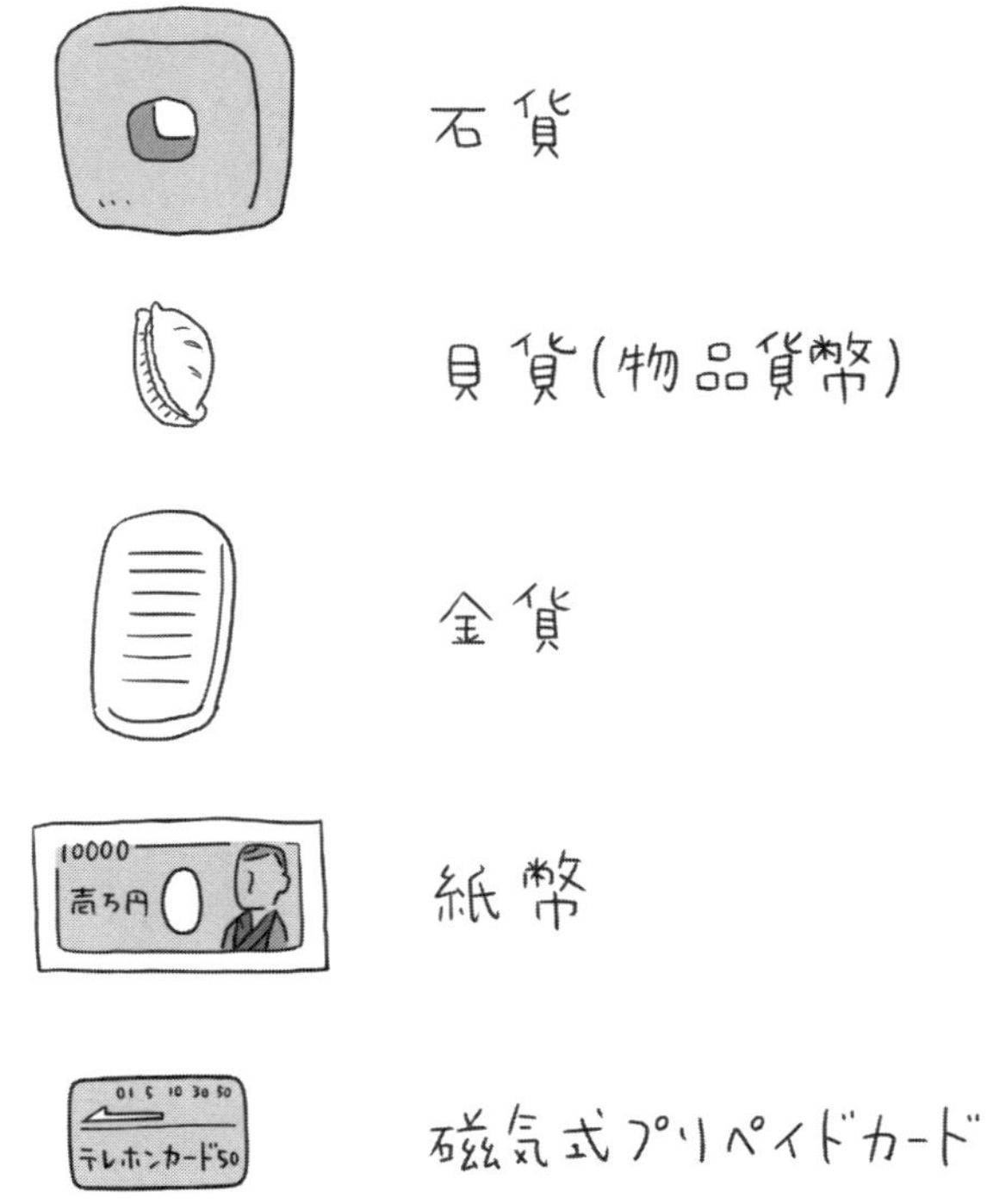

貝や石などの貨幣から始まったお金は、歴史の中でさまざまな形に変わってきた

る……というより、この取引記録が暗号資産そのものなのです。

暗号資産の取引は、ひとかたまりのブロックにまとめられ、次々につなげられていく(ブロックが鎖のようにつながっていくから、ブロックチェーンと呼ばれます)のですが、誰でもブロックをつなげられると、ズルをする奴が出てきて、取引記録が信用できなくなってしまいますね。そこで暗号資産では、電子署名を使って正しいブロックをつなげていくようになっています。

ビットコインの場合だと、電子署名の頭にｎｏｎｃｅ(ナンス)と呼ばれる数値を付けるようになっており、これをいち早く見つけた人が報酬を受け取れます。

この作業はマイニングと呼ばれますが、これがインセンティブになって、多数の人や組織がコンピューティングパワーをつぎ込んで計算を行い、取引の正しさを担保しているというわけです(ナンスを見つけるには莫大なコンピューティングパワーが必要ですが、一度見つかったナンスが正しいかどうかは、誰でも簡単に確かめられるようになっています)。

暗号資産がハッキングされて盗まれたといったニュースが話題になることが多いのですが、これは暗号資産と法定通貨を交換する取引所からパスワードが盗まれ、不正な送金処理を行われてしまったケースがほとんどです。現在のところ、ブロックチェーンの仕組み自体が破られたことはありません。

これまでの通貨の歴史は、偽造との戦いの歴史でもありました。混ぜ物をした金貨に、精巧なニセ札。法定通貨ではありませんが、一昔前のテレホンカードやオレンジカードなどの磁気式プリペイドカードは、大量の偽造品が出回りました。

一方の暗号資産#ブロックチェーンは、原理的に偽造ができません。また、過度のインフレを抑える仕組みも備わっています。例えば、ビットコインであれば、発行総額は2100万BTCと最初から決まっており、その額に向かって少しずつ発行されるようになっています。

偽造が原理的に不可能で、低コストで送金が可能、設計次第で過度のインフレを防ぐこともできる。

暗号資産は「仮想通貨」と呼ばれることがありますが、とんでもない。仮想どころか、**暗号資産こそがより純粋な、本当のお金だとも言えます。**

現金なんて、本当のお金が登場するまでのつなぎ、プレマネーだったと、将来的には言われるようになるかもしれません。

バブルなのは暗号資産ではなく、法定通貨かもしれない

暗号資産というのは偽造のできない取引記録であり、それ以上でもそれ以下でもありませんが、「バブル」「信用できない」というイメージを持っている人も多いことでしょう。

実際、2017年には「仮想通貨（暗号資産）バブル」が起こり、ビットコインを始めとする暗号資産の（法定通貨に対する）価格が高騰。1BTCに240万円の値が付き、資産1億円を超える「億り人」が続出しましたが、翌2018年にはいきなり暴落。一挙に、1BTC＝30万円台にまで下がりました。

暗号資産はバブルかと聞かれれば、僕もバブルだと答えますが、「バブって」いるのは暗号資産ではなく現実の通貨、法定通貨ベースの取引で動くマネーのほうです。

何度も言うように、暗号資産は取引記録にすぎません。1BTCが何円だ、何ドルだと

いうのは、ブロックチェーンの仕組みの外側、取引所での取引価格なのです。
「暗号資産は裏付けがないから、価格が変動する」という表現がよく聞かれます。確かに、暗号通貨と法定通貨の交換レートは変動が激しいですね。変動の激しさをボラティリティといいますが、金融商品として見れば暗号資産は最もボラタイルな商品だと言えます。

では、お金の裏付けとは何でしょう？　暗号資産はコンピュータネットワーク上の記録にすぎませんが、では法定通貨の裏付けとは？
そんなものは、とうに存在しなくなりました。

かつての通貨の価値は、貴金属の金が支えていました。稀少資源である金を金貨として流通させていたのですが、金は重いので持ち運びに不便ですし、使われるうちに摩耗してしまいます。そこで、「これを持ってくれば、書かれている値打ちの金と交換します」という兌換《だかん》紙幣を、国（あるいはそれに準じた権力機構）の信用に基づいて発行するようになり、19世紀末には金本位制が確立されました。

ところが1971年、アメリカのニクソン大統領は、米ドル紙幣と金との兌換停止を発表します。この「ニクソンショック」以降、現在に至るまで法定通貨は裏付けなどない、幻想になったのです。

もっとも、ニクソンショック以前の通貨が幻想でなかったかと言えば、そんなことはなかったのですけどね。金が価値のあるものだということも、取引相手が納得しなければ成立しません。

また、「いつでも金と交換できます」という国が信用できなくなったら、紙幣を持っている人は急いで金に換えようとしたでしょう。歴史上、こんな取り付け騒ぎは何度も起こってきました。お金というのはもともと共同幻想だったのですが、ニクソンショックはそれを追認しただけとも言えます。

金本位制は崩壊しましたが、かといって各国の中央銀行が好きなだけお金を刷れるようになったかと言えば、そうではありません。中央銀行が好きなだけお金を刷ると、お金の価値が暴落するハイパーインフレが起こります。ウィキペディアによると、２００９年１月にジンバブエのインフレ率は年率６・５×10^{108}％になったそうです。これは１日ごとにモノの価格が倍になっていくというすさまじいインフレです。

他の国でなぜハイパーインフレが発生しないのか。端的に言えば、その国の通貨を持っている人たちが「中央銀行は、勝手に通貨を刷って価値を落とすようなバカな真似はしないだろう」と信じているから。

この本の最初にも書いたように、大勢の人が信じているから、お金という幻想が維持されているわけです。

とはいっても、幻想の強さには大小があります。他の国が欲しがるようなモノをたくさん作って輸出し、儲けている国の通貨は、いきなり価値が落ちるようなことはなさそうです。逆に、大した産業もなくて、内戦ばかりしているような国の通貨はいきなり価値がなくなりそうで、みんな心配になるでしょう。

どんな産業があるかとか、どれくらい国内が安定しているかとか、さまざまな要素によって、国（あるいは中央銀行）に対する国民や外国からの信頼は変化し、それが通貨の価値にも反映されることになります。

ちなみに、暗号資産の信頼はどうでしょう？

僕は暗号資産を扱う仕事にも携わりましたが、そこで痛感したのが「信頼のためのコスト」です。先に述べたように、ブロックチェーンを使った暗号資産では、取引1ブロックごとに計算を行って検証しなければなりません。２０１6年から２０１8年にかけて、ビットコインやイーサリアムなどの暗号資産がどの程度の電力を消費したのか試算した研究があるのですが、[*24] それによればビットコイン1ドル分を得るのに17〜19メガジュール、イーサリアムで7〜9メガジュール。これに対して、銅1ドル分は4メガジュール程度です（製錬に大量に電力を消費するアルミニウムは110〜135メガジュール）。

これに対して、法定通貨の円であれば、日銀が「俺が保証する！」と太鼓判を押すだけで価値が担保されます。

法定通貨の場合、リアルなお金を鋳造・印刷したり、輸送したり、保管したりといった流通コストもかかってくるので、そのコストを正確に見積もるのは難しいのですが、暗号資産、特にビットコインの検証コストはやはり高すぎます。

ビットコインの場合は、価値を保証する中央銀行のような権威が存在しない分、膨大なコンピュータパワー（≒電力）が必要になるのです。ビットコインよりもコンピュータパワーを必要としない暗号資産も登場してきていますが、不特定多数の参加者による、中央集権でない仕組みだと、検証コストは法定通貨と同程度には下げられないかもしれません。

現在、ブロックチェーンを使った法定通貨を発行しようという動きが、中国を筆頭に盛んになってきています。こうした国が発行する暗号資産の場合は、不特定多数が参加するタイプの暗号資産とは異なり、取引の検証コストはそれほど高くはならないでしょう。もっとも、そうした「法定仮想通貨」は、現在の法定通貨や電子マネーと大差ないものになるでしょうが。

お金のあり方に大きな変化を起こすとしたら、ブロックチェーン技術そのものというより、企業の発行するポイントかもしれません。

例えば、アマゾンは独自のアマゾンポイントを発行していますが、アマゾンが取扱い商品やジャンルをどんどん広げていったら、(アマゾンだけで必要なモノやサービスを賄えるのであれば) ユーザーにとっては日本円と連動した独自通貨という見方もできます。

お金が余っている！

ハイパーインフレこそ起こってはいませんが、現在の世界ではお金という共同幻想がうまく働いているとは言えない状況にあります。

最大の問題は、「お金が余っている」ことです。

なかなか貯金できない人からすると、とんでもないことに聞こえるでしょうが、国内外の統計を見ると企業の保有する現預金残高は、増加の一途をたどっています。

今の世界には、有望な投資先がなかなか見つからず、お金を持っている企業や資本家は、お金を銀行口座にひたすら蓄えてしまっている。

1つの理由は、さまざまな分野の技術や商品が成熟し、新しいものに対する需要が減ってきているからでしょう。

例えば、スマホです。2007年に登場したiPhoneは2G（第2世代携帯電話方式）にしか対応していませんでしたが、2008年のiPhone 3Gでは3Gに対応、2012年の6世代目のiPhone 5ではLTEに対応しました。その後も通信設備は改良され続け、通信速度も向上してはいますが、何倍も通信が早くなっているわけではありません。たいていの人にとって、通信速度はもう十分になっている。

パソコンにしてもそうですね。20年くらい前までは、僕もパソコンを毎年のように買い替えていたものです。やりたい処理に対して、CPUが遅い、ハードディスクの容量が足らない――。新機種が出るたびに、パソコンの性能が上がっていくのを実感していました。それが今では、僕ですら数年前のMacBook Proを使っていて大した不満もない。動画編集やディープラーニングのように、強力なコンピューティングパワーを必要とする用途はありますが、ほとんどの人にとってパソコンやスマホの性能はもう十分。ハイテク製品の寿命というか、買い換えサイクルは明らかに長くなっています。

消費者が欲しいと思う商品が少なくなり、買い換えサイクルが長くなるというのは、つまり需要が減少しているということ。作り手としては、そこに投資をしても儲けづらくなっている。

期待するほど儲からないのであれば、お金を持っている人や企業はどう行動するでしょう。先の章でも書いたように、十分にたくさんのお金を持っていると、そんなに高いリスクを取らなくても不労所得が転がり込んできます。とりあえず、リスクの低い金融資産、それこそ銀行預金でもしておこうか、となるわけですね。


そんな時に、がっつり儲けられそうな案件が出てきたら、余ったお金はそこへ一挙になだれ込むことになります。

暗号資産バブルは、世界中で余ったお金が行き場を求めて集中した結果、起こったのでしょう。

僕自身は、ブロックチェーンは通貨のみならず、さまざまな契約や権利の取引に使える極めて有望な技術だと考えていますが、暗号資産バブルでは濡れ手で粟の投機案件と見られてしまった。この点は非常にもったいないことでした。

また、日本の場合は現金の流通高が他国よりもずば抜けて多いのも気になるところです。2017年の日銀レポートによれば、現金流通高の名目国内総生産（GDP）比は2015年末時点で19・4％。ユーロ圏が10・6％、米国は7・9％、英国は3・7％となっており、日本がいかに現金大国であるかがわかります。しかも、レポートによれば、この現金は「タンス預金」として使われないままになっているらしいのです。

変なおじさんやおばさんの顔が印刷された紙を、ひたすらタンスに溜め込んでいく光景はナンセンスで、何とも滑稽ではないですか。

もう一度、お金とは何なのか？

お金という共同幻想は、非常に強力です。でも、幻想だから壊せということではありません。

お金のおかげで本当に私たちは豊かになりました。

では、豊かさとは何でしょうか？　僕は、これまでできなかったことができるようになることだと考えています。

今の僕たちが、ｉＰｈｏｎｅを持てるのもお金のおかげです。これが欲しい、これを作りたい、こんなことができたらいいな。そう思った人が、別の人からお金を借りたり出資してもらって、やりたいことを実現し、欲しい人はお金を出して買う。そうやって人間の社会は豊かになってきました。

注意してほしいのは、お金があっても何でも買えるわけではないこと。売っていないモノはどんなお金持ちでも買えません。

例えば、2007年以前にはスティーブ・ジョブズであっても、iPhoneを持つことはできませんでした。

今の僕たちは数世紀前の王侯貴族よりも良い生活をしていると言われます。昔はコンビニスイーツやインスタントラーメンもありませんし、音楽の聴き放題や映画の観放題サービスもありません。学問はごく一部の特権階級のものでしたし、特権階級の人たちにしても今ほど安全で衛生的な生活を送れていたわけではないのです。

そういう観点からすると、今はお金持ちであることのメリットがかつてなく低い時代とも言えますね。何せ、一番優れているものが一番の普及品だったりするのですから。

世界トップレベルのお金持ちが持っている携帯電話は、金ぴかのゴテゴテした超高級品ではなく（そういう携帯電話を出していたメーカーもありました）、おそらくiPhoneでしょう。

お金というのは、それ自体に価値があるのではありません。ケイパビリティ、つまり人々が欲するモノやコトを増やす媒介となることに意味があるのです。

欲しいモノが得られて、できることが増えていくのであれば、お金の量は増えなくても豊かと言えるでしょう。

だから、物事の価値は、ケイパビリティを増やすかどうかで計るべきなのです。

難しいことに、ケイパビリティは単純な「スカラー量」ではありません。スカラー量とは、大きさだけを持つ量のこと。質量や長さ、温度などがスカラー量ですし、お金もスカラー量です。スカラー量は大小比較が簡単にできます。10円と1万円を比べたら、1万円のほうが大きいことは誰にでもわかりますね。

しかし、ケイパビリティはこんなふうに簡単には比べられません。超音速旅客機で東京↓ニューヨークを1時間で移動できることと、スマホで通信することのどちらがいいかはわかりません。言えるのは、多くの人に支持されたものが残っていく可能性が高い、ということくらいでしょうか。

かつてコンコルドという超音速旅客機が開発されましたが、騒音やコストの問題からほとんど使われることなく引退してしまいました（最近になって、かつての問題をクリアした新型超音速旅客機の開発も始まっています）。

歩きタバコというのも、かつては多くの人にとって当たり前の行為でしたが、今は先進国ではほとんど許されなくなってきています。できる・できないでいえば、コンコルドや歩きタバコはできなくなったわけですから、これらに関してはケイパビリティが下がったとも言えます。

人々が支持しないものに関してはケイパビリティは下がりますが、総じて見れば昔より今のほうがケイパビリティは増えて豊かになったとは言えそうです。

では、ケイパビリティを増やすにはどうしたらよいか。

AとBという2つの国があったとしましょう。

両方とも人口は100人で、必須生活コストや税金はゼロということにしておきます。A国に住む99人の年収は100万円で1人だけ1億円のヤツがいますが、B国は全員が年収200万円です。どちらも国の富はだいたい2億円ですが、A国とB国のどちらがケイパビリティが高いかと言えば、B国です。

例えば、スマホで通信するために1人当たり200万円かかるとしたら、A国では1人しか端末を買えません。こんな国で携帯電話サービスを始めようという人はいないでしょう。B国ならみんながスマホを持つことができます。

ここで言いたいのは、ある程度の富がみんなに行き渡っていないと、誰も手に入れられれないモノやサービスがいくらでもあるということ。金持ちの1人2人だけでは作ってもらえないモノのほうがずっと多いのです。

資本主義、本気出せ

いきなり話は変わりますが、世界で最も人気のスポーツと言えば、サッカーでしょう。なぜサッカーは世界で最も愛されるスポーツになったのか？
その答えは、「ルール」です。僕はサッカーファンではないけれど、サッカールールのファンではあります。

サッカーのルールは、数あるスポーツの中でも特にシンプルですが、たんにシンプルなだけではありません。時代によって、ルールは少しずつ修正されてきました。

例えば、オフサイドトラップが成立する条件も昔と今ではずいぶん違っていて、今はオフサイドトラップをかけにくくなっています。

なぜかと言えば、オフサイドトラップが成立しやすいルールだと点を取りにくくなって、盛り上がりにくくなるから。

他にも、イエローカードやレッドカードでラフなプレイをした選手を退場させたり、アディショナルタイムを観客にも表示するようになったり。手を使ってはダメという基本は変わらないけれど、細かなルールは修正され続けています。


なぜ運営側はルールを細かく修正するのか？

すべては、ゲームを面白くするため。

ルールが明確に定められ、それをみんなが守るからこそ、プレイヤーは頭と肉体を振り絞って勝とうとするのです。


時々、サッカーでもつまらない試合になってしまうことはあります。２０１８年のワールドカップ・ロシア大会のポーランド戦で、日本代表は最後の10分間ほとんど動かず、時間稼ぎに終始しました。

このプレイに対しては世界中から非難が殺到しましたが、文句はプレイヤーや監督ではなく、ルールを作っている運営側に言うべきでしょう。「こんなルールだと、試合がつまらなくなる！」と。

大勢が文句を言えば、それを聞き入れてルールを改善してきたのがサッカーですから。ルールをどう設定するかで、スポーツの試合を面白くもするし、つまらなくもするのです。

ルールによってゲームの面白さが変わるのは、スポーツに限りません。人の営み、中でもお金のやり取りは、ルールがすべてと言ってもいい。

今は、お金にまつわるルールのできが悪くて、ゲームがとてもつまらなくなってしまっています。

いったん資産を持ったら、その資産自体が不労所得を生み、さらに資産を増やしていく。所有者は何もする必要がありません。さらに、お金持ちになればなるほど税金面でも優遇される。

最初に点を取ったプレイヤーにはずっと点が入り続け、他のプレイヤーには点が入らない。そんな状況が試合終了までずっと続く……。そんなゲームがあったら、わざわざ見ようと思いますか？

「現代の問題は、資本主義そのものにある」と主張する人もいますが、僕はそうは思いません。結局のところ、資本主義というのは、資本を出した人（株主など）が出した分だけ、口を出せるという仕組みのことであって、それ以上でもそれ以下でもありません。

資本を持っている人が「もっと資本を増やそう」というつまらないことしか言わないから、世界では「金余り」なんてつまらない現象が起きてしまうのです。

少人数のしょぼい資本家がいるだけでは、世界はどんどんつまらない場所になっていってしまいます。


ならば、どうすればいいか。

お金が必要な人にお金を渡せばいい。


子育て中の人は子どもを健やかに育てるために、何を買うか頭を絞るでしょう。研究者が好きな研究に没頭できれば、世界を変える発明や発見をするかもしれません。起業家が資金を得れば、ｉＰｈｏｎｅのような画期的な新製品が生まれるかもしれません。

お金という単純なスカラー量を増やすのはそれほど難しいことではありません。しかも、今の世の中は大きな資本さえあれば半ば自動的に資本は増えていくのですから、お金を稼ぐのに頭は使いません。

はっきり言ってしまえば、最初にたくさんのお金を持ってさえいれば、お金を稼ぐのなんてバカでもできるのです。

お金を稼ぐのに比べたら、お金を使うほうがずっと難しい。ケイパビリティを増やすためには、たくさんの人の「これがやりたい、あれがやりたい」を集めないといけませんから。

国際NGO「オックスファム（Oxfam）」によれば、世界で最も裕福な26人が、世界人口のうち所得の低い半数に当たる38億人の総資産と同額の富を握っているそうです。*25 こんな少人数が大量のお金を抱えていても、面白いアイデアが出てくるはずがありません。

ほとんどの国は、国民から税金としてお金を搾り取ろうとしますが、そんなことをするよりも、お金を配って知恵を搾り取ったほうがずっといい。

実際、再分配を積極的に行っている国は、行っていない国に比べて、うまくやっているということが統計にも表れています。

ベーシックインカム、ベーシックアセット、あるいは負の所得税でも何でもいいですが、まどろっこしいことをせずにさっさとみんなにお金を配ったらいい。デジタル技術が進歩したことで、昔よりもはるかに低コストでお金を配れるようになっているのですから。

そのためには、今のお金のルールがどうなっているのかを理解し、お金という共同幻想をバージョンアップしていきましょう。そして、ダメなルールには親指を下に向けてブーイングし、言ってやるのです。

「資本主義、本気出せ」と。

あとがき

本作はウェブチャンネル「小飼弾の論弾」において僕が言い散らかした玉石混淆の「ソースコード」を、同番組の司会者にして編集者である山路達也さんが経済関連の話を「コンパイル」して「ビルド」した「アプリケーション」です。まずはそのような「アプリケーション」を欲しいと言ってくださった、光文社ノンフィクション編集部の三野知里さんに感謝を。

アプリケーションというものはソースコードを書いただけでは動きません。書かれたソースコードから余計なものを取り除き、コンピュータが実行できる形式に編纂することをビルドといいますが、本書のビルダーである山路達也さんは拙著『弾言』（共著、アスペクト）以来のお付き合い。僕が『デスノート』のニアかどうかはさておき、山路さんがジエバンニなのは間違いない。本書が「製品」としての体裁をなしているのだとしたら、彼のおかげ。しかし世のソフトウェアと同じく、バグの責任はソースコードのオーナーにしてオーサーたる私、小飼弾にあります。

信念のために人を殺すのは、金銭のために人を殺すより下等なことである。なぜなら、金銭は万人に共通の価値を有するが、信念の価値は当人にしか通用しないからである。

——ヤン・ウェンリー（『銀河英雄伝説』田中芳樹著）より

遥か（伝説上の）未来、光速を超え銀河の星々を制覇した人類が未だに年金の心配をしているのは、おかしいを通り越して悲しいものがありますが、実は金銭も信念の一種に過ぎないということは、ここまで本書を読み進めて下さった読者の皆さんは納得されているかと存じます。

そして信念と言えば、我々自身もそうなのです。意識というのはソフトウェアで、肉体というハードウェアは器に過ぎないという概念は、現代人にはむしろ当然でしょう。残念ながらまだ我々は古いスマフォの中身を新しいスマフォに移すようには、我々自身を肉体から肉体に移すことは出来ませんが、我々の「本体」いや「本心」は「モノ」ではなく「コト」であるのは、もはや共通認識でもあります。そう、共通、認識。まさに金銭と同様にして同様の。

だからこそ大事なのです。「だいじ」かつ「おおごと」。我々自身が「モノ」ではなく「コト」なのだとしたら、モノよりコトのほうが大事じゃないですか？　このたった一事さえ伝われば、本書の元は取れてます。あとはその知見をどう、どれだけ殖やしていくかは、あなた次第。貨幣のように現実を無理やりシミュレートして帳尻を合わせる必要はもうないのですから。

読者各位のご財運を祈ります。

Dan the Fortunate

（＊１）「独自集計！　全大学『奨学金延滞率』ランキング 奨学金制度はどうあるべきか」東洋経済オンライン　経済ニュースの新基準（２０１７年４月20日）
https://toyokeizai.net/articles/-/168512
「〝奨学金破産〟は甘えた人の自己責任なのか」プレジデントオンライン（２０１８年７月10日）
https://president.jp/articles/-/25606
（＊２）「日本の教育公的支出は最低　15年のＯＥＣＤ調査」日本経済新聞（２０１８年９月12日）
https://www.nikkei.com/article/DGXMZO35255610S8A910C1000000/
（＊３）Ralph Nader “An Open Letter to Tim Cook, CEO of Apple Inc. | Ralph Nader”（２０１８年５月９日）
https://nader.org/2018/05/09/an-open-letter-to-tim-cook-ceo-of-apple-inc/
（＊４）About THE USAアメリカンセンター JAPAN
https://americancenterjapan.com/aboutusa/translations/2547/
（＊５）「ＣＥＯ報酬、アメリカは日本の６倍　首位は１１７億円」日本経済新聞（２０１８年12月12日）
https://www.nikkei.com/article/DGXMZO38731080Q8A211C1TJ1000/
（＊６）「日銀のＥＴＦ購入額、年６兆円を突破」産経ニュース（２０１８年12月13日）
https://www.sankei.com/economy/news/181213/ecn1812130023-n2.html
（＊７）「日銀、企業の４割で大株主 イオンなど5社で『筆頭』」日本経済新聞（２０１８年６月27日）

https://www.nikkei.com/article/DGXMZO32284120W8A620C1000000/

（＊8）シカゴ大学教授山口一男氏の研究では、管理職への昇進の男女格差は、就業時間の違いによるものと推定している。「ホワイトカラー正社員の管理職割合の男女格差の決定要因」https://www.jil.go.jp/institute/zassi/backnumber/2014/07/pdf/017-032.pdf

（＊9）ＯＥＣＤ生徒の学習到達度調査（ＰＩＳＡ）２０１５年調査国際結果より
http://www.nier.go.jp/kokusai/pisa/pdf/2015/03_result.pdf

（＊10）「『人手不足等への対応に関する調査』集計結果について」日本商工会議所（２０１８年６月７日）
https://www.jcci.or.jp/cat298/2018/0607143508.html

（＊11）「ニッポンの賃金（上）賃金水準、世界に劣後　時給、20年で９％」日本経済新聞（２０１９年3月19日）
https://www.nikkei.com/article/DGKKZO42616170Y9A310C1MM8000/

（＊12）ウィキペディアより
https://ja.wikipedia.org/wiki/%E4%BA%BA%E5%8F%A3%E6%B8%9B%E5%B0%91%E7%A4%BE%E4%BC%9A#%E6%97%A5%E6%9C%AC

（＊13）「〈覚悟の社会保障〉増税へ。政権は舵を切った」朝日新聞グローブ42号（２０１０年６月28日）

（＊14）「裁量労働制 削除に『残念』財界から失望の声」毎日新聞（２０１８年3月1日）
https://mainichi.jp/articles/20180302/k00/00m/020/113000c

（＊15）厚生労働省ウェブサイト「歳入歳出予算の概要」

（＊16）特別会計について（31年度予算）
https://www.mof.go.jp/budget/topics/special_account/31tokubetukaikeinosaisyutu.pdf

（＊17）「『歳入庁』構想、政府が検討開始」日本経済新聞（２０１２年２月24日）
https://www.nikkei.com/article/DGXNASFS2401E_U2A220C1PE8000/
（＊18）「国の借金、１０８７兆円に増加　３月末、国民１人当たり８５９万円」日本経済新聞（２０１８年５月10日）
https://www.nikkei.com/article/DGXLASFL10HOP_Q8A510C1000000/
（＊19）IMF Fiscal Monitor: Managing Public Wealth, October 2018
（＊20）労働者派遣事業 許可・更新事業所 一般社団法人日本人材派遣協会
https://www.jassa.or.jp/corporation/permission.html
（＊21）「過去10年の派遣労働者増加率、先進諸国のなかで最高水準」（ドイツ：２００９年３月）労働政策研究・研修機構
https://www.jil.go.jp/foreign/jihou/2009_3/german_02.html
国際人材派遣事業団体連合（CIETT）のデータ
（＊22）Alexandria Ocasio-Cortez says ‘we should be excited about automation’
The Verge（２０１９年３月10日）
https://www.theverge.com/2019/3/10/18258134/alexandria-ocasio-cortez-automation-sxsw-2019
（＊23）スペイン 実質ＧＤＰ成長率 [1996 - 2020] データ&チャート
https://www.ceicdata.com/ja/indicator/spain/real-gdp-growth
（＊24）「仮想通貨が地球上の電力を使い果たす？ その恐るべきエネルギー消費を考える」WIRED.jp（２０１８年11月12日）
https://wired.jp/2018/11/12/bitcoin-will-burn-planet-down-how-fast/
（＊25）「世界の超富裕層26人、世界人口の半分の総資産と同額の富を独占」AFPBB News（２０１９年

1月21日)
https://www.afpbb.com/articles/-/3207339

編集協力／山路達也
本文イラスト／村山宇希
ブックデザイン／華本達哉

［著者］ **小飼 弾** こがい・だん

投資家、プログラマー、ブロガー。株式会社オン・ザ・エッヂ（後のライブドア、現在の株式会社データホテル）の取締役最高技術責任者（CTO）を務め、同社の上場に貢献。著書に『新書がベスト』（ベスト新書）、『弾言』『決弾』（〈共著〉ともにアスペクト）、『小飼弾の「仕組み」進化論』（日本実業出版社）、『「中卒」でもわかる科学入門』『未来予測を嗤え！』〈共著〉（ともに角川oneテーマ21）、『働かざるもの、飢えるべからず。』（サンガ新書）、『本を遊ぶ』（朝日文庫）など。

ニコニコチャンネル「小飼弾の論弾」で、毎月2回、時事ニュース解説や科学・IT解説、書評などをライブ配信中。

https://ch.nicovideo.jp/dankogai

無料部分は、YouTubeLiveでもご覧いただけます。

https://www.youtube.com/channel/UCTUZKdMEEmrAW-biQYR7wXw

小飼弾《こがいだん》の超訳《ちょうやく》「お金《かね》」理論《りろん》

2021年1月30日　初版第1刷発行

著者	小飼《こがい》 弾《だん》
発行者	田邉浩司
発行所	株式会社 光文社 〒112-8011 東京都文京区音羽1-16-6 ［電話］ 編集部 03-5395-8172 書籍販売部 03-5395-8116 業務部 03-5395-8125 ［メール］ non@kobunsha.com 落丁本・乱丁本は業務部へご連絡くだされば、お取り替えいたします。
組版	堀内印刷
印刷所	堀内印刷
製本所	ナショナル製本

ISBN978-4-334-95181-8